图书在版编目（CIP）数据

从文自传：精装纪念版 / 沈从文著 . — 南京：江
苏人民出版社，2022.12
ISBN 978-7-214-27514-1

Ⅰ . ①从… Ⅱ . ①沈… Ⅲ . ①沈从文（1902-1988）
-自传 Ⅳ . ①K825.6

中国版本图书馆 CIP 数据核字 (2022) 第 166798 号

书　　　名	从文自传（精装纪念版）
著　　　者	沈从文
责 任 编 辑	胡海弘
出 版 发 行	江苏人民出版社
地　　　址	南京市湖南路 1 号 A 楼，邮编：210009
印　　　刷	天津旭丰源印刷有限公司
开　　　本	880 mm × 1 230 mm　1/32
印　　　张	7
插　　　页	4
字　　　数	168 000
版　　　次	2022 年 12 月第 1 版
印　　　次	2022 年 12 月第 1 次印刷
标 准 书 号	ISBN 978-7-214-27514-1
定　　　价	45.00 元

（江苏人民出版社图书凡印装错误可向承印厂调换）

沈从文

著

沈从文集

（精装纪念版）

从文自传

江苏人民出版社

目 录

序

○ ○ ○ 怀念从文

巴金

一

今年五月十日从文离开人世，我得到他夫人张兆和的电报后想起许多事情，总觉得他还同我在一起，或者聊天，或者辩论。他那温和的笑容一直在我眼前。隔一天我才发出回电："病中惊悉从文逝世，十分悲痛。文艺界失去一位杰出的作家，我失去一位正直善良的朋友，他留下的精神财富不会消失。我们三十、四十年代相聚的情景还历历在目。小林因事赴京，她将代我在亡友灵前敬献花圈，表达我感激之情。我永远忘不了你们一家。请保重。"都是些极普通的话。没有一滴眼泪，悲痛却在我的心里，我也在埋葬自己的一部分。那些充满信心的欢聚的日子，那些奋笔和辩论的日子都不会回来了。这些年我们先后遭逢了不同的灾祸，在泥泞中挣扎，他改了行，在长时间的沉默中，取得卓越的成就。我东奔西跑，唯唯诺诺，羡慕枝头欢叫的喜鹊，只想早日走尽自我改造的道路。得到的却是十年一梦，床头多了一盒骨灰。现在大梦初醒，却仿佛用尽全身力气，不得不躺倒休息。白白地望着远方灯火，我仍然想奔赴光明，奔赴希望。我还想求助于一些朋友，从文也是其中的一位，我真想有机会同他畅谈！这个时候突然得到他逝世的噩耗，我才明白过去那一段生活已经和亡友一起远去了。我的唁电表达的就是一个老友的真实感情。

一连几天，我翻看上海和北京的报纸，我很想知道一点从文最后的情况。可是日报上我找不到这个敬爱的名字。后来才读到新华社郭玲春同志简短的报道，提到女儿小林代我献的花篮，我认识郭玲春，却不理解她为什么这样吝惜自己的笔墨，难道不知道这位热爱人民的善良作家的最后牵动着全世界多少读者的心？！可是连这短短的报道多数报刊也没有采用。小道消息开始在知识界中流传。这个人究竟是好是病，是死是活，他不可能像轻烟散去，未必我得到噩耗是在梦中？！一个来探病的朋友批评我："你错怪了郭玲春，她的报道没有受到重视，可能因为领导不曾表态，人们不知道用什么规格发表讣告、刊载消息。不然，大陆以外的华文报纸刊出不少悼念文章，惋惜中国文坛巨大的损失，而我们的编辑怎么能安心酣睡，仿佛不曾发生任何事情？！"

我并不信服这样的论断，可是对我谈论规格学的熟人不止他一个，我必须寻找论据答复他们。这个时候小林回来了，她告诉我她从未参加过这样感动人的告别仪式。她说没有达官贵人，告别的只是些亲朋好友。厅子里播放死者生前喜爱的乐曲。老人躺在那里，十分平静，仿佛在沉睡，四周几篮鲜花，几盆绿树。每个人手中拿一朵月季，走到老人跟前，行了礼，将花放在他身边。没有哭泣没有呼唤，也没有噪音惊醒他。人们就这样安静地跟他告别，他就这样坦然地远去。小林说不出这是一种什么规格的告别仪式，她只感觉到庄严和真诚。我说正是这样，他走得没有牵挂、没有遗憾，从容地消失在鲜花和绿树丛中。

二

一百多天过去了。我一直在想从文的事情。

我和从文见面在一九三二年。那时我住在环龙路我舅父家中。南京《创作月刊》的主编汪曼铎来上海组稿，一天中午请我在一家俄国西菜社吃中饭，除了我还有一位客人，就是从青岛来的沈从文。我去法国之前读过他的小说，一九二八年下半年在巴黎，我几次听见胡愈之称赞他的文章，他已经发表了不少的作品。我平日讲话不多，又不善于应酬。这次我们见面谈了些什么，我现在毫无印象，只记得谈得很融洽。他住在西藏路上的一品香旅社，我同他去那里坐了一会儿，他身边有一部短篇小说集的手稿，想找个出版的地方，也需要用它换点儿稿费。我陪他到闸北新中国书局，见到了我认识的那位出版家，稿子卖出去了，书局马上付了稿费。小说过四五个月印了出来，就是那本《虎雏》。他当天晚上去南京，我同他在书局门口分手时，他要我到青岛去玩，说是可以住在学校的宿舍里。我本来要去北平，就推迟了行期，九月初先去青岛，只是在动身前写封短信通知他。我在他那里过得很愉快，我随便，他也随便，好像我们有几十年的交往一样。他的妹妹在山东大学念书，有时也和我们一起出去走走、看看。他对妹妹很友爱，很体贴，我早就听说，他是自学出身，因此很想在妹妹的教育上多下功夫，希望她熟习他自己想知道却并不很了解的一些知识和事情。

在青岛他把他那间屋子让给我，我可以安静地写文章、写信，也可以毫无拘束地在樱花林中散步。他有空就来找我，我们有话就交谈，无话便沉默。他比我讲得多些，他听说我不喜欢在公开场合讲话，便告诉我他第一次在大学讲课，课堂里坐满了学生，他走上讲台，那么多年轻的眼睛望着他，他红着脸，一句话也讲不出来，只好在黑板上写了五个字："请等五分钟。"他就是这样开始教课的。他还告诉我在这之前，他每个月要卖一部稿子养家，徐志摩常常给他帮忙，后来，他写多了，卖稿有困难，徐志摩便介绍他到大学教书，起初到上海中国公学，以后才到青岛大学。当时青大的校长是小说《玉君》的作者杨振声，后来他到北平工作，还是和从文在一起。

在青岛我住了一个星期。离开的时候，他知道我要去北平，就给我写了两个人的地址，他说到北平可以去看这两个朋友，不用介绍只提他的名字，他们就会接待我。

在北平我认识的人不多，我也去看望了从文介绍的两个人，一位姓程，一位姓夏；一位在城里工作，业余搞点儿翻译。一位在燕京大学教书。一年后我再到北平，还去燕大夏云的宿舍里住了十几天，写完了中篇小说《电》。我只说是从文介绍，他们待我十分亲切。我们谈文学，谈的更多的是从文的事情，他们对他非常关心。以后我接触到更多的从文的朋友，我注意到他们对他都有一种深的感情。

在青岛我就知道他在恋爱。第二年我去南方旅行，回到上海，得到从文和张兆和在北平结婚的消息，我发去贺电，祝他们"幸福无量"。从文来信要我到他的新家做客。在上海我没有事情，决定到北方去看看。我先去天津南开大学，同我哥哥李尧林一起生活了几天，便搭车去北平。

我坐人力车去府右街达子营，门牌号数记不起来了，总之，顺利地到了沈家。我只提了一个藤包，里面一件西装上衣、两三本书和一些小东西。从文带笑地紧紧握着我的手说："你来了。"就把我接进客厅。又介绍我认识他的新婚夫人，他的妹妹也在这里。

客厅连接一间屋子，房内有一张书桌和一张床，显然是主人的书房。他把我安顿在这里。

院子小，客厅小，书房也小，然而非常安静，我住得很舒适。正房只有小小的三间，中间那间又是饭厅，我每天去三次就餐，同桌还有别的客人，都让我坐上位，因此感到一点儿拘束。但是除了这个，我在这里完全自由活动，写文章看书，没有干扰，除非来了客人。

我初来时从文的客人不算少，一部分是教授、学者，另一部分是作家和学生。他不在大学教书了。杨振声到北平主持一个编教科书的机构，从文就在这机构里工作，每天照常上、下班，我只知道朱自清同他在一起。这个时期，他还为天津《大公报》编辑《文艺》副刊，为了写稿和副刊的一些事情，经常有人来同他商谈。这些已经够他忙了，可是他还有一件重要的工作：天津《国闻周报》上的连载《记丁玲》。

根据我当时的印象，不少人焦急地等待看每一周的《国闻周报》。这连载是受到欢迎、得到重视的。一方面人们敬爱丁玲，另一方面从文的文章有独特的风格，作者用真挚的感情讲出读者心里的话。丁玲几个月前被捕，我从上海动身时，《良友文学丛书》的编者赵家璧委托我向从文组稿，他愿意出高价得到这部"好书"，希望我帮忙，不让别人把稿子拿走。我办到了，可是出版界的形势越来越恶化，赵家璧拿到全稿，已无法编入丛书排印，过一两年，他花几百元买下一位图书审查委员的书稿，算是行贿，《记丁玲》才有机会作为《良友文学丛书》见到天日。可是删削太多，尤其是后半部那么多的××！以后也没有能重版，更谈不上恢复原貌了。

五十五年过去了，从文在达子营写连载的事，我还不曾忘记，写到结尾他有些紧张，他不愿辜负读者的期待，又关心朋友的安危，交稿期到，他常常写作通宵。他爱他的老友，他不仅为她呼吁，同时也在为她的自由奔走。也许这呼吁、这奔走没有多大用处，但是他尽了全力。

最近我意外地找到一九四四年十二月十四日写给从文的信，里面有这样的话："前两个月我和家宝常见面，我们谈起你，觉得在朋友中待人最好、最热心帮忙人的只有你，至少你是第一个。"这是真话。

我记不起我是在什么情形里写下这一段话。但这的确是真话。在一九三四年也是这样，在一九八五年我最后一次看见他，他在家养病，假牙未装上，讲话不清楚。几年不见他，有一肚皮的话要说，首先就是一九四四年十二月信上那几句。但是望着病人浮肿的脸，坐在堆满书的小房间里，我觉得有什么东西堵塞了咽喉，我仿佛回到了一九三四年、一九三三年。多少人在等待《国闻周报》上的连载，他那样勤奋工作，那样热情写作。《记丁玲》之后又是《边城》，他心爱的家乡的风景和他关心的小人物的命运，这部中篇经过几十年并未失去它的魅力，还鼓舞美国的学者长途跋涉，到美丽的湘西寻找作家当年的脚迹。

我说过，我在从文家做客的时候，他编辑的《大公报·文艺》副刊和读者见面了。单是为这个副刊他就要做三方面工作：写稿、组稿、看稿。我也想得到他的忙碌，但从未听见他诉苦。

我为《文艺》写过一篇散文，发刊后我拿回原稿。这手稿我后来捐赠北京图书馆了。我的钢笔字很差，墨水浅淡，只能说是勉强可读，从文却用毛笔填写得清清楚楚。我真想谢谢他，可是我知道他从来就是这样工作，他为多少年轻人看稿、改稿，并设法介绍出去。他还花钱刊印一个青年诗人的第一本诗集并为它作序。不是听说，我亲眼见到那本诗集。

从文就是这样一个人。他不喜欢表现自己。可是我和他接触较多，就看出他身上有不少发光的东西。不仅有很高的才华，他还有一颗金子般的心。他工作多，事业发展，自己并不曾得到什么报酬，反而引起不少的吱吱喳喳。那些吱吱喳喳加上多少年的小道消息，发展为今天所谓的争议，这争议曾经一度把他赶出文坛，不让他给写进文学史。但他还是默默地做他的工作（分派给他的新的工作）。在极端困难的条件下，一样地做出出色的成绩。我接到从香港寄来的那本关于中国服装史的大书，一方面为老友新的成就感到兴奋，一方面又痛惜自己浪费掉的几十年的光阴。我想起来了，就是在他那个新家的客厅里，他对我不止讲过一次这样的话："不要浪费时间。"后来他在上海对我、对靳以、对萧乾也讲过类似的话。我当时并不同意，不过我相信他是出于好心。

我在达子营沈家究竟住了两个月或三个月，现在讲不清楚了。这说明我的病（帕金森氏综合征）在发展，不少的事逐渐走向遗忘。所以有必要记下不曾忘记的那些事情。不久，靳以为文学季刊社在三座门大街14号租了房子，要我同他一起搬过去，我便离开了从文家。在靳以那里一直住到第二年七月。

北京图书馆和北海公园都在附近，我们经常去这两处。从文非常忙，但在同一座城里，我们常有机会见面，从文还定期为《文艺》副刊宴请作者。我经常出席。他仍然劝我不要浪费时间，我发表的文章他似乎全读过，有时也坦率地提些意见，我知道他对我很关心，对他们夫妇，我只有好感，我常常开玩笑地说我是他们家的"食客"，今天回想起来，我还感到温暖。一九三四年《文学季刊》创刊，兆和为创刊号写稿，她的第一篇小说《湖畔》受到读者欢迎。她唯一的短篇集后来就收在我主编的《文学丛刊》里。

三

我提到坦率，提到真诚，因为我们不把话藏在心里，我们之间自然会出现分歧，我们对不少的问题都有不同的看法。可是我要承认我们有过辩论，却不曾有争论，我们辩是非，并不争胜负。

在从文和萧乾的书信集《废邮存底》中还保存着一封他给我的长信《给某作家》（一九三七年）。我一九三五年在日本横滨编写的《点滴》里也有一篇散文《沉落》是写给他的。从这两封信就可以看出我们间的分歧在什么地方。

一九三四年我从北平回上海，小住一个时期，动身去日本前为《文学》杂志写了一个短篇《沉落》。小说发表时我已到了横滨。从文读了《沉落》非常生气，写信来质问我："写文章难道是为着泄气？！"我也动了感情，马上写了回答。我承认"我写文章没有一次不是为着泄气"。

他为什么这样生气？因为我批评了周作人一类的知识分子。

周作人当时是《文艺》副刊的一位主要撰稿人。从文常常用尊敬的口气谈起他。其实我也崇拜过这个人，我至今还喜欢读他的一部分文章，从前他思想开明，对我国新文学的发展有过大的贡献。可是当时我批判的、我担心的并不是他的著作，而是他的生活，他的行为。从文认为我不理解周，我看倒是从文不理解他。可能我们两人对周都不理解，但事实是：他终于做了为侵略者服务的汉奸。

回国以后，我还和从文通过几封长信继续我们这次的辩论，因为我又发表过文章，针对另外一些熟人，譬如对朱光潜的批评，后来我也承认自己有偏见、有错误。从文着急起来，他劝我不要"那么爱理会小处""莫把感情火气过分糟蹋到这上面"。他责备我："什么米大的小事如×××之类的闲言小语也使你动火，把小东小西也当成了敌人。"还说，"我觉得你感情的浪费真极可惜。"

我记不起我怎样回答他，因为我那封留底的长信在"文革"中丢失了，造反派抄走了它，就没有退回来。但我记得我想向他说明我还有理性，不会变成狂吠的疯狗。我写信，时而非常激动，时而停笔发笑，我想他有可能担心我会发精神病。我不曾告诉他，他的话对我是连声的警钟，我知道我需要克制，我也懂得他所说的"在一堆沉默日子里讨生活"的重要。我称他为"敬爱的畏友"，我衷心地感谢他。当然我并不放弃我的主张，我也想通过辩论说服他。

我回国那年年底又去北平，靳以回天津照料母亲的病，我到三座门大街结束《文学季刊》的事情，给房子退租。我去了达子营从文家，见到从文伉俪，非常亲热。他说："这一年你过得不错嘛。"他不再主编《文艺》副刊，把它交给了萧乾，他自己只编辑《大公报》的《星期文艺》，每周出一个整版。他向我组稿，我一口答应，就在14号的北屋里，每晚写到深夜，外面是严寒和静寂。北平显得十分陌生，大片乌云笼罩在城市的上空，许多熟人都去了南方。我的笔拉不回两年前同朋友们欢聚的日子，屋子里只有一炉火，我心里也在燃烧，我写，我要在暗夜里叫号。我重复着小说中人物的话："我不怕……因为我有信仰。"

文章发表的那天下午我动身回上海，从文、兆和到前门车站送行。"你还再来吗？"从文微微笑，紧紧握着我的手。我张开口吐出一个"我"字，声音就哑了，我多么不愿意在这个时候离开他们！我心里想："有你们在，我一定会再来。"

我不曾失信，不过我再来时已是十四年之后，在一个炎热的夏天，城市充满阳光，北平解放了。

四

抗战期间萧珊在西南联大念书，一九四〇年我从上海去昆明看望她，一九四一年我又从重庆去昆明，在昆明过了两个暑假。

从文在联大教书，为了躲避敌机轰炸，他把家迁往呈贡，兆和同孩子们都住在乡下。我们也乘火车去过呈贡看望他们。那个时候没有教师节，教书老师普遍受到轻视，连大学教授也难使一家人温饱，我曾经说过两句话："钱可以赚到更多的钱。书常常给人带来不幸。"这就是那个社会的特点。他的文章写得少了，因为出书困难；生活水平降低了，吃的、用的东西都在涨价。

他不叫苦，脸上始终露出温和的微笑。我还记得在昆明一家小饮食店里几次同他相遇，一两碗米线作为晚餐，有西红柿，还有鸡蛋，我们就满足了。

在昆明我们见面的机会不多，但是我们不再辩论了，我们珍惜在一起的每时每刻，我们同游过西山龙门，也一路跑过警报，看见炸弹落下后的浓烟，也看到血淋淋的尸体。过去一段时期他常常责备我："你总说你有信仰，你也得让别人感觉到你的信仰在哪里。"现在我也感觉到他的信仰在什么地方，只要看到他脸上的笑容或者眼里的闪光，我觉得心里更踏实，离开昆明后三年中，我每年都要写信求他不要放下笔，希望他多写小说。我说，"我相信我们这个民族的潜在力量"；又说，"我极赞成你那埋头做事的主张"。没有能再去昆明，我更想念他。

他并不曾搁笔，可是作品写得少。他过去的作品早已绝版，读到的人不多。开明书店愿意重印他的全部小说，他陆续将修订稿寄去。可是一部分底稿在中途遗失，他叹息地告诉我，丢失的稿子偏偏是描写社会疾苦的那一部分，出版的几册却都是关于男女事情的。"这样别人更不了解我了"。

最后一句不是原话，他也不仅说一句，但大意是如此。抗战前他在上海《大公报》发表过批评海派的文章引起强烈反感。在昆明他的某些文章又得罪了不少的人。因此常有对他不友好的文章和议论出现。他可能感到一点儿寂寞，偶尔也发发牢骚，但主要还是对那种越来越重视金钱、轻视知识的社会风气。在这一点我倒理解他，我在写作生涯中挨过的骂可能比他多，我不能说我就不感到寂寞。但是我并没有让人骂死。我也看见他倒了又站起来，一直勤奋地工作。最后他被迫离开了文艺界。

五

那是一九四九年的事。最初北平和平解放，然后上海解放。六月我和靳以、辛笛、健吾、唐弢、赵家璧他们去北平，出席首次全国文代会，见到从各地来的许多熟人和分别多年的老友，还有更多的为国家和人民的前途献出自己的青春和心血的文艺战士。我很感动，我很兴奋。

但是从文没有露面，他不是大会的代表。我们几个人到他的家去，见到了他和兆和，他们早已不住在达子营了，不过我现在也说不出他们是不是住在东堂子胡同，因为一晃就是四十年。我的记忆模糊了。这几十年中间我没有看见他住过宽敞的房屋，最后他得到一个舒适的住处，却已经疾病缠身，只能让人搀扶着在屋里走走。我至今未见到他这个新居，一九八五年五月后我就未去过北京，不是我不想去，我越来越举步艰难了。

首届文代会期间，我们几个人去从文家不止一次，表面上看不出他有情绪，他脸上仍然露出微笑。他向我们打听文艺界朋友的近况，他关心每个熟人。然而文艺界似乎忘记了他。让他在华北革大学习，不给他出席文代会，以后还把他分配到历史博物馆做讲解员，据说郑振铎到那里参观一个什么展览，见过他，但这是以后的事了。这年九月我第二次来北平出席全国政协会议，接着中华人民共和国成立，北京又成为首都，这次我大约坐了三个星期，我几次看望从文，交谈的机会较多，我才了解一些真实情况。北平解放前后当地报纸上刊载了一些批评他的署名文章，有的还是在香港报上发表过的，十分尖锐。他在围城里，已经感到很孤寂，对形势和政策也不理解，只希望有一两个文艺界熟人见见他，同他谈谈。他当时战战兢兢，如履薄冰，仿佛就要掉进水里，多么需要人来拉他一把。可是他的期望落了空。他只好到华北革大去了，反正知识分子应当进行思想改造。

不用说，他受到了不公平的对待，不仅在今天，在当时我就有这样的看法，可是我并没有站出来替他讲过话，我不敢，我总觉得自己头上有一把达摩克利斯的宝剑。从文一定感到委屈，可是他一声不响，认真地干他的工作。

政协会议以后，第二年我去北京开会。休会的日子我去看望过从文，他似乎很平静，仍旧关心地问到一些熟人的近况。我每次赴京，总要去看看他。他已经安定下来了。对瓷器、对民间工艺、对古代服装他都有兴趣，谈起来头头是道。我暗中想，我外表忙忙碌碌，有说有笑，心里却十分紧张，为什么不能坐下来，埋头译书，默默地工作几年，也许可以做出一点儿成绩。然而我办不到，即使由我自己做主，我也不愿放下笔，还想换一支新的来歌颂新社会。我下决心深入生活，却始终深不下去，我参加各种活动，也始终浮在面上，经过北京我没有忘记去看他，总是在晚上去，两三间小屋，书架上放满了线装书，他正在工作，带着笑容欢迎我，问我一家人的近况，问一些熟人的近况。兆和也在，她在《人民文学》编辑部工作，偶尔谈几句杂志的事。有时还有他一个小女儿（侄女），他们很喜欢她，两个儿子不同他们住在一起。

我大约每年去一次，坐一个多小时，谈话他谈得多一些，我也讲我的事，但总是他问我答。我觉得他心里更加踏实了。我讲话好像只是在替自己辩护。我明白我四处奔跑，却什么都抓不住。心里空虚得很。我总疑心他在问我：你这样跑来跑去，有什么用处？不过我不会老实地对他讲出来。他的情况逐渐好转，他参加了人民政协，在报刊上发表诗文。

"文革"前我最后一次去他家，是在一九六五年七月，我就要动身去越南采访。是在晚上，天气热，房里没有灯光，砖地上铺一床席子，兆和睡在地上。从文说："三姐生病，我们外面坐。"我和他各人一把椅子在院子里坐了一会儿，不知怎样我们两个人讲话都没有劲头，不多久我就告辞走了。当时我绝没有想到不出一年就会发生"文化大革命"，但是我有一种感觉，我头上那把利剑，正在缓缓地往下坠。"四人帮"后来批判的"四条汉子"已经揭露出三个，我在这年元旦听过周扬一次谈话，我明白人人自危，他已经在保护自己了。

旅馆离这里不远，我慢慢地走回去。我想起过去我们的辩论，想起他劝我不要浪费时间，而我却什么也搞不出来。十几年过去了，我不过给自己添了一些罪名。我的脚步很沉重，仿佛前面张开一个大网，我不知道会不会投进网里。但无论如何一个可怕的、摧毁一切的、大的运动就要来了。我怎能够躲开它？

回到旅馆，我感到精疲力尽，第二天早晨我就去机场，飞向南方。

六

在越南我进行了三个多月的采访，回到上海，等待我的是姚文元的《评新编历史剧<海瑞罢官>》。每周开会讨论一次，人人表态，看得出来，有人慢慢地在收网，"文化大革命"就要开场了。我有种种的罪名，不但我紧张，朋友们也替我紧张，后来我找到机会在会上做了检查，自以为卸掉了包袱。六月初到北京开会（亚非作家紧急会议），在机场接我的同志小心嘱咐我"不要出去找任何熟人"。我一方面认为自己已经过关，感到轻松；另一方面因为运动打击面广，又感到恐怖。我在这种奇怪的心境之下忙了一个多月，我的确"没出去找任何熟人"，无论是从文、健吾，或者冰心。

但是会议结束，我回到机关参加学习，才知道自己仍在网里，真是在劫难逃了。进了"牛棚"，仿佛落入深渊。别人都把我看作罪人，我自己也认为有罪，表现得十分恭顺。绝没有想到这个所谓"触及灵魂的革命"会持续十年。在灵魂受到熬煎的漫漫长夜里，我偶尔也想到几个老朋友，希望从友情那里得到一点儿安慰。可是关于他们，一点儿消息也没有。我想到了从文，他的温和的笑容明明在我眼前。我对他讲过的那句话——"我不怕……我有信仰"——像铁锤在我的头上敲打。我哪里有信仰？我只有害怕。我还有脸去见他？这种想法在当时也是很古怪的，一会儿就过去了。过些日子它又在我脑子里闪亮一下，然后又熄灭了。我一直没有从文的消息，也不见人来外调他的事情。

六年过去了，我在奉贤县文化系统"五七干校"里学习和劳动，在那里劳动的有好几个单位的干部，许多人我都不认识。有一次我给揪回上海接受批判，批判后第二天一早到巨鹿路作协分会旧址学习，我刚刚在指定的屋子里坐好，一位年轻姑娘走进来，问我是不是某人，她是从文家的亲戚，从文很想知道我是否住在原处。她是音乐学院附中的学生，我在干校见过。从文一家平安，这是很好的消息，可是我只答了一句"我仍住在原处"，她就走了。回到干校，过了一些日子，我又遇见她，她说从文把我的地址遗失了，要我写一个交给她转去。我不敢背着工宣队

"进行串连"，我怕得很。考虑了好几天，我才把写好的地址交给她。经过几年的改造，我变成了另外一个人，我遵守的信条是：多一事不如少一事。我并不希望从文来信。但是出乎我的意外，他很快就寄了信来。我回家休假，萧珊已经病倒，得到北京寄来的长信，她拿着五张信纸反复地看，含着眼泪说："还有人记得我们啊！"这对她是多大的安慰！

他的信是这样开始的："多年来家中搬动太大，把你们家的地址遗失了，问别人忌讳又多，所以直到今天得到×家熟人一信相告，才知道你们住处。大致家中变化还不太多。"

五页信纸写了不少朋友的近况，最后说："熟人统在念中。便中也希望告知你们生活种种，我们都十分想知道。"

他还是像在三十年代那样关心我。可是我没有寄去片纸只字的回答。萧珊患了不治之症，不到两个月便离开人世。我还是审查对象，没有通信自由，甚至不敢去信通知萧珊病逝。

我为什么如此缺乏勇气？回想起来今天还感到惭愧。尽管我不敢表示自己并未忘记故友，从文却一直惦记着我。他委托一位亲戚来看望，了解我的情况。一九七四年他来上海，一个下午，到我家探望，我女儿进医院待产，儿子在安徽农村插队落户，家中冷冷清清，我们把藤椅搬到走廊上，没有拘束，谈得很畅快。我也忘了自己的"结论"已经下来：一个不戴帽子的反革命。

七

等到这个"结论"推翻，我失去的自由逐渐恢复，我又忙起来了。多次去北京开会，却只到过他家两次。头一次他不在家，我见着兆和，急匆匆不曾坐下吃一杯茶。屋子里连写字桌也没有，只放得下一张小茶桌，夫妻二人轮流使用。第二次他已经搬家，可是房间还是很小，四壁图书，两三帧大幅近照，我们坐在当中，两把椅子靠得很近，使我想起一九六五年那个晚上，可是压在我们背上的包袱已经给摔掉了，代替它的是老和病。他行动不便，我比他好不了多少。我们不容易交谈，只好请兆和做翻译，谈了些彼此的近况。

我大约坐了不到一个小时吧，告别时我高高兴兴，没有想到这是我们最后的一面，我以后就不曾再去北京。当时我感到内疚，暗暗地责备自己为什么不早来看望他。后来在上海听说他搬了家，换了宽敞的住处，不用下楼，可以让人搀扶着在屋子里散步，也曾替他高兴过一阵子。

最近，因为怀念老友，想记下一点儿什么，找出了从文的几封旧信，一九八〇年二月的信中有一段话，我一直不能忘记："因住处只一张桌子，目前为我赶校那两份选集，上午她三点即起床，六点出门上街取牛奶，把桌子让我工作。下午我睡，桌子再让她使用到下午六点，她做饭，再让我使用书桌。这样下去，那能支持多久！"

这事实应当大书、特书，让人们知道中国一位大作家、一位高级知识分子就是在这种条件下工作。尽管他说"那能支持多久"，可是他在信中谈起他的工作，劲头还是很大。他是能够支持下去的。近几个月我常常想：这个问题要是能早解决，那有多好！可惜来得太迟了。不过有人说，迟来总比不来好。

那么他的讣告是不是也来迟了呢？人们究竟在等待什么？难

道是首长没有表态，记者不知道报道应当用什么规格？有人说：可能是文学史上的地位没有排定，找不到适当的头衔和职称吧。又有人说："现在需要搞活经济，谁关心一个作家的生死存亡？你的笔就能把生产搞上去？"

我无法回答。

又过了一个多月，我动笔更困难，思想更迟钝，讲话声音很低，我感觉到自己身体的一部分逐渐在老死。我和老友见面的时候不远了……

倘使真的和从文见面，我将对他讲些什么呢？

我还记得兆和说过："火化前他像熟睡一般，非常平静，看样子他明白自己一生在大风大浪中已尽了自己应尽的责任，清清白白，无愧于心。"他的确是这样。

我多么羡慕他！可是我却不能走得像他那样平静，那样从容，因为我并未尽了自己的责任，还欠下一身债。我不可能不惊动任何人静悄悄离开人世。那么就让我的心长久燃烧，一直到还清我的欠债。

有什么办法呢？中国知识分子的悲剧我是躲避不了的。

一九八八年九月三十日

○ ○ ○ 自我评述

沈从文

　　我出生在湖南西部边远地区一个汉苗杂处的小小山城。小时因顽劣爱逃学，小学刚毕业，就被送到土著军队中当兵，在一条沅水和它的支流各城镇游荡了五年。那时正是中国最黑暗的军阀当权时代，我同士兵、农民、小手工业者以及其他形形色色社会底层人们生活在一起，亲身体会到他们悲惨的生活，亲眼看到军队砍下无辜苗民和农民的人头无数，过了五年不易设想的痛苦怕人生活，认识了中国一小角隅的好坏人事。一九二二年五四运动余波到达湘西，我受到新书报影响，苦苦思索了四天，决心要自己掌握命运，毅然离开家乡，只身来到完全陌生的北京，从此就如我在《从文自传》中所说，进到一个永远无从毕业的学校，来学习那课永远学不尽的"人生"了。

　　我人来到城市五六十年，始终还是个乡下人，不习惯城市生活，苦苦怀念我家乡那条沅水和水边的人们，我感情同他们不可分。虽然也写都市生活，写城市各阶层人，但对我自己的作品，我比较喜爱的还是那些描写我家乡水边人的哀乐故事。因此我被称为乡土作家。

一九八六年

○ 从文自传

○ ○ ○ 我所生长的地方

拿起我这支笔来，想写点我在这地面上二十年所过的日子，所见的人物，所听的声音，所嗅的气味，也就是说我真真实实所受的人生教育，首先提到一个我从那儿生长的边疆僻地小城时，实在不知道怎样来着手就较方便些。我应当照城市中人的口吻来说，这真是一个古怪地方！只由于两百年前满人治理中国土地时，为镇抚与虐杀残余苗族，派遣了一队戍卒屯丁驻扎，方有了城堡与居民。这古怪地方的成立与一切过去，有一部《苗防备览》记载了些官方文件，但那只是一部枯燥无味的官书。我想把我一篇作品里所简单描绘过的那个小城，介绍到这里来。这虽然只是一个轮廓，但那地方的一切情景，欲浮凸起来，仿佛可用手去摸触。

一个好事人，若从二百年前某种较旧一点儿的地图上去寻找，当可在黔北、川东、湘西一处极偏僻的角隅上，发现了一个名为"镇筸"的小点。那里同别的小点一样，事实上应当有一个城市，在那个城市中，安顿下三五千人口。不过一切城市的存在，大部分都在交通、物产、经济活动情形下面，成为那个城市枯荣的因缘，这一个地方，却以另外一个意义无所依附而独立存在。试将那个用粗糙而坚实的巨大石头砌成的圆城作为中心，向四方展开，围绕了这边疆僻地的孤城，约有五百左右的碉堡，二百左右的营汛。碉堡各用大石块堆成，位置在山顶头，随了山岭脉络蜿蜒各处走去；营汛各位置在驿路上，布置得极有秩序。这些东西在一百八十年前，是按照一种精密的计划，各保持相当距离，在周围数百里内，平均分配下来，解决了退守一隅常作"蠢动"的边苗"叛变"的。两世纪来满清的暴政，以及因这暴政而引起的反抗，血染红了每一条官路同每一个碉堡。到如今，一切完事了，碉堡多数业已毁掉了，营汛多数成为民房了，人民已大半同化了。落日黄昏时节，站到那个巍然独在万山环绕的孤城高处，眺望那些远近残毁的碉堡，还可依稀想见当时角鼓火炬传警告急的光景。这地方到今日，已因为变成另外一种军事重心，一切皆用一种迅速的姿势在改变，在进步，同时这种进步，也就正消灭到过去一切。

凡有机会追随了屈原溯江而行那条长年澄清的沅水，向上游去的旅客和商人，若打量由陆路入黔入川，不经古夜郎国，不经永顺、龙山，都应当明白"镇筸"是个可以安顿他的行李最可靠也是最舒服的地方。那里土匪的名称不习惯于一般人的耳朵。兵卒纯善如平民，与人无侮无扰。农民勇敢而安分，且莫不敬神守法。商人各负担了花纱同货物，洒脱地向深山中村庄走去，同平民作有无交易，谋取什一之利。地方统治者分数种：最上为天神，其次为官，又其次才为村长同执行巫术的神的侍奉者。人人洁身信神，守法爱官。每家俱有兵役，可按月各自到营上领取一点儿银子，一份米粮，且可从官家领取二百年前被政府所没收的公田耕耨播种。城中人每年各按照家中有无，到天王庙会杀猪，宰羊，磔狗，献鸡，献鱼，求神保佑五谷的繁殖，六畜的兴旺，儿女的长成，以及作疾病婚丧的禳解。人人皆依本分担负官府所分派的捐款，又自动地捐钱与庙祝或单独执行巫术者。一切事保持一种淳朴习惯，遵从古礼；春秋二季农事起始与结束时，照例有年老人向各处人家敛钱，给社稷神唱木傀偶戏。旱暵祈雨，便有小孩子共同抬了活狗，带上柳条，或扎成草龙各处走去。春天常有春官，穿黄衣各处念农事歌词。岁暮年末居民便装饰红衣傩神于家中正屋，捶大鼓如雷鸣，苗巫穿鲜红如血的衣服，吹镂银牛角，拿铜刀，踊跃歌舞娱神。城中的住民，多当时派遣移来的戍卒屯丁。此外则有江西人在此卖布，福建人在此卖烟，广东人在此卖药。地方由少数读书人与多数军官，在政治上与婚姻上两面的结合，产生一个上层阶级，这阶级一方面用一种保守稳健的政策，长时期管理政治，一方面支配了大部分属于私有的土地；而这阶级的来源，却又仍然出于当年的戍卒屯丁，地方城外山坡上产桐树杉树，矿坑中有朱砂水银，松林里生菌子，山洞中多硝。城乡全不缺少勇敢忠诚适于理想的兵士，与温柔耐劳适于家庭的妇人。在军校阶级厨房中，出异常可口的菜饭；在伐树砍柴人口中，出热情优美的歌声。

地方东南四十里接近大河，一道河流肥沃了平衍的两岸，多米，多橘柚。西北二十里后，即已渐入高原，近抵苗乡，万山重叠。大小重叠的山中，大杉树以长年深绿逼人的颜色，蔓延各处。一道小河从高山绝涧中流出，汇集了万山细流，沿了两岸有杉树林的河沟奔驶而过，农民各就河边编缚竹子做成水车，引河中流水，灌溉高处的山田。河水长年清澈，其中多鳜鱼、鲫鱼、鲤鱼，大的比人脚板还大。河岸上那些人家里，常常可以见到白脸长身见人善作媚笑的女子。小河水流环绕"镇筸"北城下驶，到一百七十里后方汇入辰河，直抵洞庭。

这地方又名凤凰厅，到民国后便改成了县治，名凤凰县。

辛亥革命后，湘西镇守使与辰沅道皆驻节在此地。地方居民不过五六千，驻防各处的正规兵士却有七千。由于环境的不同，直到现在其地绿营兵役制度尚保存不废，为中国绿营军制唯一残留之物。

我就生长到这样一个小城里，将近十五岁时方离开。出门两年半回过那小城一次以后，直到现在为止，那城门我没再进去过。但那地方我是熟习的。现在还有许多人生活在那个城市里，我却常常生活在那个小城过去给我的印象里。

○ ○ ○ 我的家庭

咸同之季，中国近代史极可注意之一页，曾、左、胡、彭所领带的湘军部队中，算军有个相当的位置。统率算军转战各处的是一群青年将校，原多卖马草为生，最著名的为田兴恕。当时同伴数人，年在二十左右，同时得到清提督衔的共有四位，其中有一沈洪富，便是我的祖父。这青年军官二十二岁左右时，便曾做过一度云南昭通镇守使。同治二年，二十六岁又做过贵州总督，到后因创伤回到家中，终于在家中死掉了。这青年军官死去时，所留下的一分光荣与一份产业，使他后嗣在本地方占了个较优越的地位。祖父本无子息，祖母为住乡下的叔祖父沈洪芳娶了个苗族姑娘，生了两个儿子，把老二过房给祖父做儿子。照当地习惯，和苗族所生儿女无社会地位，不能参与文武科举，因此这个苗女人被远远嫁去，乡下虽埋了个坟，却是假的。我照血统说，有一部分应属于苗族。我四五岁时，还曾到黄罗寨乡下去那个坟前磕过头。到一九二二年离开湘西时，在沅陵才从父亲口中明白这件事情。

就由于存在本地军人口中那一分光荣，引起了后人对军人家世的骄傲，我的父亲生下地时，祖母所期望的事，是家中再来一个将军。家中所期望的并不曾失望，自体魄与气度两方面说来，我爸爸生来就不缺少一个将军的风仪。硕大、结实、豪放、爽直，一个将军所必需的种种本色，爸爸无不兼备。爸爸十岁左右时，家中就为他请了武术教师同老塾师，学习做将军所不可少的技术与学识。但爸爸还不曾成名以前，我的祖母却死去了。那时正是庚子联军入京的第三年。当庚子年大沽失守，镇守大沽的罗提督自尽殉职时，我的爸爸便正在那里做他身边一员裨将。那次战争据说毁去了我家中产业的一大半。由于爸爸的爱好，家中一点儿较值钱的宝货常放在他身边，这一来，便完全失掉了。战事既已不可收拾，北京失陷后，爸爸回到了家乡。第三年祖母死去。祖母死时我刚活到这世界上四个月。那时我头上已经有两个姐姐，一个哥哥。没有庚子的战争，我爸爸不会回来，我也不会存在。关于祖母的死，我仿佛还依稀记得包裹得紧紧的，我被谁抱着在一个白色人堆里转动，随后还被搁到一个桌子上去。我家中自从祖母死后十余年内不曾死去一人，若不是我在两岁以后做梦，这点儿影子便应当是那时唯一的记忆。

我的兄弟姊妹共九个，我排行第四，除去幼年殇去的姊妹，现在生存的还有五个，计兄弟姊妹各一，我应当在第三。

我的母亲姓黄，年纪极小时就随同我一个舅父外出在军营中生活，所见事情很多，所读的书也似乎较爸爸读的稍多。外祖黄河清是本地最早的贡生，守文庙做书院山长，也可说是当地唯一读书人。所以我母亲极小就认字读书，懂医方，会照相。舅父是个有新头脑的人物，本县第一个照相馆是那舅父办的，第一个邮政局也是舅父办的。我等兄弟姊妹的初步教育，便全是这个瘦小、机警、富于胆气与常识的母亲担负的。我的教育得于母亲的不少，她告我认字，告我认识药名，告我决断——做男子极不可少的决断。我的气度得于父亲影响的较少，得于妈妈的似较多。

○ ○ ○ 我读一本小书同时又读一本大书

　　我能正确记忆到我小时的一切，大约在两岁左右。我从小到四岁左右，始终健全肥壮如一只小豚。四岁时母亲一面告给我认方字，外祖母一面便给我糖吃，到认完六百生字时，腹中生了蛔虫，弄得黄瘦异常，只得每天用草药蒸鸡肝当饭。那时节我就已跟随了两个姐姐，到一个女先生处上学。那人既是我的亲戚，我年龄又那么小，过那边去念书，坐在书桌边读书的时节较少，坐在她膝上玩的时间或者较多。

　　到六岁时，我的弟弟方两岁，两人同时出了疹子。时正六月，日夜皆在吓人高热中受苦。又不能躺下睡觉，一躺下就咳嗽发喘。又不要人抱，抱时全身难受。我还记得我同我那弟弟两人当时皆用竹簟卷好，同春卷一样，竖立在屋中阴凉处。家中人当时业已为我们预备了两具小小棺木搁在廊下。十分幸运，两人到后居然全好了。我的弟弟病后家中特别为他请了一个壮实高大的苗妇人照料，照料得法，他便壮大异常。我因此一病，却完全改了样子，从此不再与肥胖为缘，成了个小猴儿精了。

　　六岁时我已单独上了私塾。如一般风气，凡是私塾中给予小孩子的虐待，我照样也得到了一份。但初上学时我因为在家中业已认字不少，记忆力从小又似乎特别好，比较其余小孩，可谓十分幸福。第二年后换了一个私塾，在这私塾中我跟从了几个较大的学生，学会了顽劣孩子抵抗顽固塾师的方法，逃避那些书本去同一切自然相亲近。这一年的生活形成了我一生性格与感情的基础。我间或逃学，且一再说谎，掩饰我逃学应受的处罚。我的爸爸因这件事十分愤怒，有一次竟说若再逃学说谎，便当砍去我一个手指。我仍然不为这话所恐吓，机会一来时总不把逃学的机会轻轻放过。当我学会了用自己的眼睛看世界一切，到不同社会中去生活时，学校对于我便已毫无兴味可言了。

我爸爸平时本极爱我，我曾经有一时还做过我那一家的中心人物。稍稍害点儿病时，一家人便光着眼睛不睡眠，在床边服侍我，当我要谁抱时谁就伸出手来。家中那时经济情形还很好，我在物质方面所享受到的，比起一般亲戚小孩似乎都好得多。我的爸爸既一面只做将军的好梦，一面对于我却怀了更大的希望。他仿佛早就看出我不是个军人，不希望我做将军，却告诉我祖父的许多勇敢光荣的故事，以及他庚子年间所得的一份经验。他因为欢喜京戏，只想我学戏，做谭鑫培。他以为我不拘做什么事，总之应比做个将军高些。第一个赞美我明慧的就是我的爸爸。可是当他发现了我成天从塾中逃出到太阳底下同一群小流氓游荡，任何方法都不能拘束这颗小小的心，且不能禁止我狡猾地说谎时，我的行为实在伤了这个军人的心。同时那小我四岁的弟弟，因为看护他的苗妇人照料十分得法，身体养育得强壮异常，年龄虽小，便显得气派宏大，凝静结实，且极自重自爱，故家中人对我感到失望时，对他便异常关切起来。这小孩子到后来也并不辜负家中人的期望，二十二岁时便做了步兵上校。至于我那个爸爸，却在蒙古、东北、西藏各处军队中混过，民国二十年时还只是一个上校，在本地土著军队里做军医（后改为中医院长），把将军希望留在弟弟身上，在家乡从一种极轻微的疾病中便瞑目了。

我有了外面的自由，对于家中的爱护反觉处处受了牵制，因此家中人疏忽了我的生活时，反而似乎使我方便了好些。领导我逃出学塾，尽我到日光下去认识这大千世界微妙的光，稀奇的色，以及万汇百物的动静，这人是我一个张姓表哥。他开始带我到他家中橘柚园中去玩，到城外山上去玩，到各种野孩子堆里去玩，到水边去玩。他教我说谎，用一种谎话对付家中，又用另一种谎话对付学塾，引诱我跟他各处跑去。即或不逃学，学塾为了担心学童下河洗澡，每到中午散学时，照例必在每人手心中用朱笔写个大字，我们尚依然能够一手高举，把身体泡到河水中玩个半天。这方法也亏那表哥想出的。我感情流动而不凝固，一派清波给予我的影响实在不小。我幼小时较美丽的生活，大部分都同水不能分离。我的学校可以说是在水边的。我认识美，学会思索，水对我有极大的关系。我最初与水接近，便是那荒唐表哥领带的。

现在说来，我在做孩子的时代，原本也不是个全不知自重的小孩子。我并不愚蠢。当时在一班表兄弟和弟兄中，似乎只有我那个哥哥比我聪明，我却比其他一切孩子懂事。但自从那表哥教会我逃学后，我便成为毫不自重的人了。在各样教训、各样方法管束下，我不欢喜读书的性情，从塾师方面，从家庭方面，从亲戚方面，莫不对于我感觉到无多希望。我的长处到那时只是种种的说谎。我非从学塾逃到外面空气下不可，逃学过后又得逃避处罚。我最先所学，同时拿来致用的，也就是根据各种经验来制作各种谎话。我的心总得为一种新鲜声音，新鲜颜色，新鲜气味而跳。我得认识本人生活以外的生活。我的智慧应当从直接生活上吸收消化，却不须从一本好书、一句好话上学来。似乎就只这样一个原因，我在学塾中，逃学纪录点数，在当时便比任何一人都高。

离开私塾转入新式小学时，我学的总是学校以外的。到我出外自食其力时，我又不曾在职务上学好过什么。二十年后我"不安于当前事务，却倾心于现世光色，对于一切成例与观念皆十分怀疑，却常常为人生远景而凝眸"，这分性格的形成，便应当溯源于小时在私塾中逃学习惯。

自从逃学成习惯后，我除了想方设法逃学，什么也不再关心。

有时天气坏一点儿，不便出城上山里去玩，逃了学没有什么去处，我就一个人走到城外庙里去。本地大建筑在城外计三十来处，除了庙宇就是会馆和祠堂。空地广阔，因此均为小手工业工人所利用。那些庙里总常常有人在殿前廊下绞绳子，织竹簟，做香，我就看他们做事。有人下棋，我看下棋。有人打拳，我看打拳。甚至于相骂，我也看着，看他们如何骂来骂去，如何结果。因为自己既逃学，走到的地方必不能有熟人，所到的必是较远的庙里。到了那里，既无一个熟人，因此什么事都只好用耳朵去听，眼睛去看，直到看无可看听无可听时，我便应当设计打量我怎么回家去的方法了。

来去学校我得拿一个书篮。内中有十多本破书，由《包句杂志》《幼学琼林》到《论语》《诗经》《尚书》通常得背诵。分量相当沉重。逃学时还把书篮挂到手肘上，这就未免太蠢了一点儿。凡这么办的可以说是不聪明的孩子。许多这种小孩子，因为逃学到各处去，人家一见就认得出，上年纪一点儿的人见到时就会说："逃学的，赶快跑回家挨打去，不要在这里玩。"若无书篮可不必受这种教训。因此我们就想出了一个方法，把书篮寄存到一个土地庙里去。那地方无一个人看管，但谁也用不着担心他的书篮。小孩子对于土地神全不缺少必需的敬畏，都信托这木偶，把书篮好好地藏到神座龛子里去，常常同时有五个或八个，到时却各人把各人的拿走，谁也不会乱动旁人的东西。我把书篮放到那地方去，次数是不能记忆了的，照我想来，次数最多的必定是我。

逃学失败被家中学校任何一方面发觉时，两方面总得各挨一顿打。在学校得自己把板凳搬到孔夫子牌位前，伏在上面受笞。处罚过后还要对孔夫子牌位作一揖，表示忏悔。有时又常常罚跪至一根香时间。我一面被处罚跪在房中的一隅，一面便记着各种事情，想象恰如生了一对翅膀，凭经验飞到各样动人事物上去。按照天气寒暖，想到河中的鳜鱼被钓起离水以后拨剌的情形，想到天上飞满风筝的情形，想到空山中歌呼的黄鹂，想到树木上累累的果实。由于最容易神往到种种屋外东西上去，反而常把处罚的痛苦忘掉，处罚的时间忘掉，直到被唤起以后为止，我就从不曾在被处罚中感觉过小小冤屈。那不是冤屈。我应感谢那种处罚，使我无法同自然接近时，给我一个练习想象的机会。

家中对这件事自然照例不大明白情形，以为只是教师方面太宽的过失，因此又为我换一个教师。我当然不能在这些变动上有什么异议。这事对我说来，倒又得感谢我的家中。因为先前那个学校比较近些，虽常常绕道上学，终不是个办法，且因绕道过远，把时间耽误太久时，无可托词。现在的学校可真很远很远了，不必包绕偏街，我便应当经过许多有趣味的地方了。从我家中到那个新的学塾里去时，路上我可看到针铺门前永远必有一个老人戴了极大的眼镜，低下头来在那里磨针。又可看到一个伞铺，大门敞开，做伞时十几个学徒一起工作，尽人欣赏。又有皮靴店，大胖子皮匠，天热时总腆出一个大而黑的肚皮（上面有一撮毛！）用夹板上鞋。又有剃头铺，任何时节总有人手托一个小小木盘，呆呆地在那里尽剃头师傅刮脸。又可看到一家染坊，有强壮多力的苗人，踹在凹形石碾上面，站得高高的，手扶着墙上横木，偏左偏右地摇荡。又有三家苗人打豆腐的作坊，小腰白齿头包花帕的苗妇人，时时刻刻口上都轻声唱歌，一面引逗缚在身背后包单里的小苗人，一面用放光的红铜勺舀取豆浆。我还必须经过一个豆粉作坊，远远地就可听到骡子推磨隆隆的声音，屋顶棚架上晾满白粉条。我还得经过一些屠户肉案桌，可看到那些新鲜猪肉砍碎时尚在跳动不止。我还得经过一家扎冥器出租花轿的铺子，有白面无常鬼、蓝面阎罗王、鱼龙、轿子、金童玉女。每天且可以从他那里看出有多少人接亲，有多少冥器，那些定做的作品又成就了多少，换了些什么式样。并且还常常停顿下来，看他们贴金敷粉，涂色，一站许久。

　　我就欢喜看那些东西，一面看一面明白了许多事情。

　　每天上学时，我照例手肘上挂了那个竹书篮，里面放十多本破书。在家中虽不敢不穿鞋，可是一出了大门，即刻就把鞋脱下拿到手上，赤脚向学校走去。不管如何，时间照例是有多余的，因此我总得绕一节路玩玩。若从西城走去，在那边就可看到牢狱，大清早若干犯人戴了脚镣从牢中出来，派过衙门去挖土。若从杀人处走过，昨天杀的人还没有收尸，一定已被野狗把尸首咋碎或拖到小溪中去了，就走过去看看那个糜碎了的尸体，或拾起一块小小石头，在那个污秽的头颅上敲打一下，或用一木棍去戳戳，看看会动不动。若还有野狗在那里争夺，就预先拾了许多石头放在书篮里，随手一一向野狗抛掷，不再过去，只远远地看看，就走开了。

既然到了溪边，有时候溪中涨了小小的水，就把裤管高卷，书篮顶在头上，一只手扶着，一只手照料裤子，在沿了城根流去的溪水中走去，直到水深齐膝处为止。学校在北门，我出的是西门，又进南门，再绕从城里大街一直走去。在南门河滩方面我还可以看一阵杀牛，机会好时恰好正看到那老实可怜的畜牲被放倒的情形。因为每天可以看一点点，杀牛的手续同牛内脏的位置，不久也就被我完全弄清楚了。再过去一点儿就是边街，有织簟子的铺子，每天任何时节皆有几个老人坐在门前小凳子上，用厚背的钢刀破篾，有两个小孩子蹲在地上织簟子（我对于这一行手艺所明白的种种，现在说来似乎比写字还在行）。又有铁匠铺，制铁炉同风箱皆占据屋中，大门永远敞开着，时间即或再早一些，也可以看到一个小孩子两只手拉着风箱横柄，把整个身子的分量前倾后倒，风箱于是就连续发出一种吼声，火炉上便放出一股臭烟同红光。待到把赤红的热铁拉出搁放到铁砧上时，这个小东西，赶忙舞动细柄铁锤，把铁锤从身背后扬起，在身面前落下，火花四溅地一下一下打着。有时打的是一把刀，有时打的是一件农具。有时看到的又是这个小学徒跨在一条大板凳上，用一把凿子在未淬水的刀上起去铁皮，有时又是把一条薄薄的钢片嵌进熟铁里去。日子一多，关于忏何一件铁器的制造秩序，我也不会弄错了。边街又有小饭铺，门前有个大竹筒，插满了用竹子削成的筷子。有干鱼同酸菜，用钵头装满放在门前柜台上。引诱主顾上门，意思好像是说："吃我，随便吃我，好吃！"每次我总仔细看看，真所谓"过屠门而大嚼"，也过了瘾。

　　我最欢喜天上落雨，一落了小雨，若脚下穿的是布鞋，即或天气正当十冬腊月，我也可以用恐怕湿却鞋袜为辞，有理由即刻脱下鞋袜赤脚在街上走路。但最使人开心的事，还是落过大雨以后，街上许多地方已被水所浸没，许多地方阴沟中涌出水来，在这些地方照例常常有人不能过身，我却赤着两脚故意向深水中走去。若河中涨了大水，照例上游会漂流得有木头、家具、南瓜同其他东西，就赶快到横跨大河的桥上去看热闹。桥上必已经有人用长绳系定了自己的腰身，在桥头上待着，注目水中，有所等待。看到有一段大木或一件值得下水的东西浮来时，就踊身一跃，骑到那树上，或傍近物边，把绳子缚定，自己便快快地向下游岸边泅去。另外几个在岸边的人把水中人援助上岸后，就把绳子拉着，或缠绕到大石上、大树上去，于是第二次又有第二人来在桥头上等候。我欢喜看人在涧水里扳罾，巴掌大的活鲫鱼在网中蹦跳。一涨了水，照例也就可以看这种有趣味的事情。照家中规矩，一落雨就得穿上钉鞋，我可真不愿意穿那种笨重的钉鞋。虽然在半夜时有人从街巷里过身，钉鞋声音实在好听，大白天对于钉鞋，我依然毫无兴味。

若在四月落了点儿小雨，山地里、田塍上各处都是蟋蟀声音，真使人心花怒放。在这些时节，我便觉得学校真没有意思，简直坐不住，总得想方设法逃学上山去捉蟋蟀。有时没有什么东西安置这小东西，就走到那里去，把第一只捉到手后又捉第二只，两只手各有一只后，就听第三只。本地蟋蟀原分春秋二季，春季的多在田间泥里、草里，秋季的多在人家附近石罅里、瓦砾中，如今既然这东西只在泥层里，故即或两只手心各有一匹小东西后，我总还可以想方设法把第三只从泥土中赶出，看看若比较手中的大些，即开释了手中所有，捕捉新的，如此轮流换去，一整天方捉回两只小虫。城头上有白色炊烟，街巷里有摇铃铛卖煤油的声音，约当下午三点左右时，赶忙走到一个刻花板的老木匠那里去，很兴奋地同那木匠说："师傅师傅，今天可捉了大王来了！"

那木匠便故意装成无动于衷的神气，仍然坐在高凳上玩他的车盘，正眼也不看我地说："不成，要打打得赌点输赢！"

我说："输了替你磨刀成不成？"

"嗨，够了，我不要你磨刀，你哪会磨刀！上次磨凿子还磨坏了我的家伙！"

这不是冤枉我，我上次的确磨坏了他一把凿子。不好意思再说磨刀了，我说："师傅，那这样办法，你借给我一个瓦盆子，让我自己来试试这两只谁能干些好不好？"我说这话时真怪和气，为的是他以逸待劳，若不允许我还是无办法。

那木匠想了想，好像莫可奈何才让步的样子，"借盆子得把战败的一只给我，算作租钱。"

我满口答应："那成，那成。"

于是他方离开车盘，很慷慨地借给我一个泥罐子，顷刻之间我就只剩下一只蟋蟀了。这木匠看看我捉来的虫还不坏，必向我提议："我们来比比，你赢了我借你这泥罐一天；你输了，你把这蟋蟀输给我，办法公平不公平？"我正需要那么一个办法，连说"公平，公平"，于是这木匠进去了一会儿，拿出一只蟋蟀来同我的斗，不消说，三五回合我的自然又败了。他的蟋蟀照例却常常是我前一天输给他的。那木匠看看我有点儿颓丧，明白我认识那匹小东西，担心我生气时一摔，一面赶忙收拾盆罐，一面带着鼓励我神气笑笑地说："老弟，老弟，明天再来，明天再来！你应当捉好的来，走远一点儿。明天来，明天来！"

我什么话也不说，微笑着，出了木匠的大门，空手回家了。

这样一整天在为雨水泡软的田塍上乱跑，回家时常常全身是泥，家中当然一望而知，于是不必多说，沿老例跪一根香，罚关在空房子里，不许哭，不许吃饭。等一会儿我自然可以从姐姐方面得到充饥的东西。悄悄地把东西吃下以后，我也疲倦了，因此空房中即或再冷一点儿，老鼠来去很多，一会儿就睡着，再也不知道如何上床的事了。

即或在家中那么受折磨，到学校去时又免不了补挨一顿板子，我还是在想逃学时就逃学，决不为经验所恐吓。

有时逃学又只是到山上去偷人家园地里的李子枇杷，主人拿着长长的竹竿大骂着追来时，就飞奔而逃，逃到远处一面吃那个赃物，一面还唱山歌气那主人。总而言之，人虽小小的，两只脚跑得很快，什么茨棚里钻去也不在乎，要捉我可捉不到，就认为这种事很有趣味。

可是只要我不逃学，在学校里我是不至于像其他那些人受处罚的。我从不用心念书，但我从不在应当背诵时节无法对付。许多书总是临时来读十遍八遍，背诵时节却居然朗朗上口，一字不遗。也似乎就由于这份小小聪明，学校把我同一般同学一样待遇，更使我轻视学校。家中不了解我为什么不想上进，不好好地利用自己聪明用功，我不了解家中为什么只要我读书，不让我玩。我自己总以为读书太容易了点儿，把认得的字记记那不算什么稀奇。最稀奇处应当是另外那些人，在他那份习惯下所做的一切事情。为什么骡子推磨时得把眼睛遮上？为什么刀得烧红时在水里一淬方能坚硬？为什么雕佛像的会把木头雕成人形，所贴的金那么薄又用什么方法做成？为什么小铜匠会在一块铜板上钻那么一个圆眼，刻花时刻得整整齐齐？这些古怪事情太多了。

我生活中充满了疑问，都得我自己去找寻解答。我要知道的太多，所知道的又太少，有时便有点儿发愁。就为的是白日里太野，各处去看，各处去听，还各处去嗅闻，死蛇的气味，腐草的气味，屠户身上的气味，烧碗处土窑被雨以后放出的气味，要我说来虽当时无法用言语去形容，要我辨别却十分容易。蝙蝠的声音，一只黄牛当屠户把刀刜进它喉中时叹息的声音，藏在田塍土穴中大黄喉蛇的鸣声，黑暗中鱼在水面拨剌的微声，全因到耳边时分量不同，我也记得那么清清楚楚。因此回到家里时。夜间我便做出无数稀奇古怪的梦。这些梦直到将近二十年后的如今，还常常使我在半夜里无法安眠，既把我带回到那个"过去"的空虚里去，也把我带在空幻的宇宙里去。

在我面前的世界已够宽广了，但我似乎就还得一个更宽广的世界。我得用这方面得到的知识证明那方面的疑问。我得从比较中知道谁好谁坏。我得看许多业已由于好询问别人，以及好自己幻想所感觉到的世界上的新鲜事情、新鲜东西。结果能逃学时我逃学，不能逃学我就只好做梦。

照地方风气说来，一个小孩子野一点儿的，照例也必须强悍一点儿，才能各处跑去。因为一出城外，随时都会有一样东西突然扑到你身边来，或是一只凶恶的狗，或是一个顽劣的人。无法抵抗这点袭击，就不容易各处自由放荡。一个野一点儿的孩子，即或身边不必时时刻刻带一把小刀，也总得带一削光的竹块，好好地插到裤带上，遇机会到时，就取出来当作武器。尤其是到一个离家较远的地方去看木傀儡戏，不准备厮杀一场简直不成。你能干点儿，单身往各处去，有人挑战时，还只是一人近你身边来恶斗。若包围到你身边的顽童人数极多，你还可挑选同你精力相差不大的一人，你不妨指定其中一个说："要打吗？你来。我同你来。"

到时也只那一个人拢来。被他打倒，你活该，只好伏在地上尽他压着痛打一顿。你打倒了他，他活该，把他揍够后你可以自由走去，谁也不会追你，只不过说句"下次再来"罢了。

可是你根本上若就十分怯弱，即或结伴同行，到什么地方去时，也会有人特意挑出你来殴斗。应战你得吃亏，不答应你得被仇人与同伴两方面奚落，顶不经济。

感谢我那爸爸给了我一分勇气，人虽小，到什么地方去我总不害怕。到被人围上必须打架时，我能挑出那些同我不差多少的人来，我的敏捷同机智，总常常占点儿上风。有时气运不佳，不小心被人摔倒，我还会有方法翻身过来压到别人身上去。在这件事上我只吃过一次亏，不是一个小孩，却是一只恶狗，把我攻倒后，咬伤了我一只手。我走到任何地方去都不怕谁，同时因换了好些私塾，各处皆有些同学，大家既都逃过学，便有无数朋友，因此也不会同人打架了。可是自从被那只恶狗攻倒过一次以后，到如今我却依然十分怕狗（有种两脚狗我更害怕，对付不了）。

至于我那地方的大人，用单刀、扁担在大街上决斗本不算回事。事情发生时，那些有小孩子在街上玩的母亲，只不过说："小杂种，站远一点儿，不要太近！"嘱咐小孩子稍稍站开点儿罢了。本地军人互相砍杀虽不出奇，行刺暗算却不作兴。这类善于殴斗的人物，有军营中人，有哥老会中老幺，有好打不平的闲汉，在当地另成一帮，豁达大度，谦卑接物，为友报仇，爱义好施，且多非常孝顺。但这类人物为时代所陶冶，到民五以后也就渐渐消灭了。虽有些青年军官还保存那点风格，风格中最重要的一点儿洒脱处，却为了军纪一类影响，大不如前辈了。

我有三个堂叔叔、两个姑姑都住在城南乡下，离城四十里左右。那地方名黄罗寨，出强悍的人同猛鸷的兽。我爸爸三岁时在那里差一点儿险被老虎咬去。我四岁左右，到那里第一天，就看见四个乡下人抬了一只死虎进城，给我留下极深刻的印象。

我还有一个表哥，住在城北十里地名长宁哨的乡下，从那里再过去十里便是苗乡。表哥是一个紫色脸膛的人，一个守碉堡的战兵。我四岁时被他带到乡下去过了三天，二十年后还记得那个小小城堡黄昏来时鼓角的声音。

这战兵在苗乡有点儿威信，很能喊叫一些苗人。每次来城时，必为我带一只小斗鸡或一点儿别的东西。一来为我说苗人故事，临走时我总不让他走。我欢喜他，觉得他比乡下叔父能干有趣。

○ ○ ○ 辛亥革命的一课

有一天，我那表哥又从乡下来了，见了他我非常快乐。我问他那些水车，那些碾坊，又问他许多我在乡下所熟习的东西。可是我不明白，这次他竟不大理我，不大同我亲热。他只成天出去买白带子，自己买了许多不算，还托我四叔买了许多。家中搁下两担白带子，还说不大够用。他同我爸爸又商量了很多事情，我虽听到却不很懂是什么意思。其中一件便是把三弟同大哥派阿伢当天送进苗乡去，把我大姐、二姐送过表哥乡下那个能容万人避难的齐梁洞去。爸爸即刻就遵照表哥的计划办去，母亲当时似乎也承认这么办较安全方便。在一种迅速处置下，四人当天离开家中同表哥上了路。表哥去时挑了一担白带子，同来另一个陌生人也挑了一担，我疑心他想开一个铺子，才用得着这样多带子。

当表哥一行人众动身时，爸爸问表哥明夜来不来，那一个就回答说："不来，怎么成事？我的事还多得很！"

我知道表哥的许多事中，一定有一件事是为我带那只花公鸡，那是他早先答应过我的。因此就插口说："你来，可别忘记答应我那个东西！"

当我两个姐姐一个哥哥一个弟弟同那苗妇人躲进苗乡时，我爸爸问我："你怎么样？跟阿伢进苗乡去，还是跟我在城里？"

"什么地方热闹些？"

"不要这样问，我明白你的意思，你要在城里看热闹，就留下来莫过苗乡吧。"

听说同我爸爸留在城里，我真欢喜。我记得分分明明，第二天晚上，叔父红着脸在灯光下磨刀的情形，真十分有趣。我一时走过仓库边看叔父磨刀，一时又走到书房去看我爸爸擦枪。家中人既走了不少，忽然显得空阔许多，我平时似乎胆量很小，到这天也不知道害怕了。我不明白行将发生什么事情，但却知道有一件很重要的新事快要发生。我满屋各处走去，又傍近爸爸听他们说话。他们每个人脸色都不同往常安详，每人说话都结结巴巴。我家中有两支广式猎枪，几个人一面检查枪支，一面又常常互相来一个莫名其妙的微笑，我也就跟着他们微笑。

我看到他们在日光下做事，又看到他们在灯光下商量。那长身叔父一会儿跑出门去，一会儿又跑回来悄悄地说一阵。我装作不注意的神气，算计到他出门的次数，这一天他一共出门九次，到最后一次出门时，我跟他身后走出到屋廊下，我说："四叔，怎么的，你们是不是预备杀仗？"

"咄，你这小东西，还不去睡！回头要猫儿吃你。赶快睡去！"

于是我便被一个丫头拖到上边屋里去，把头伏到母亲腿上，一会儿就睡着了。

这一夜中城里城外发生的事我全不清楚。等到我照常醒来时，只见全家早已起身，各个人皆脸儿白白的，在那里悄悄地说些什么。大家问我昨夜听到什么没有，我只是摇头。我家中似乎少了几个人，数了一下，几个叔叔全不见了，男的只我爸爸一个人，坐在正屋他那专用的太师椅上，低下头来一句话不说。我记起了杀仗的事情，我问他："爸爸、爸爸，你究竟杀过仗了没有？"

"小东西，莫乱说，夜来我们杀败了！全军人马覆灭，死了上千人！"

正说着，高个儿叔父从外面回来了，满头是汗，结结巴巴地说：衙门从城边已经抬回了四百一十个人头，一大串耳朵，七架云梯，一些刀，一些别的东西。对河还杀得更多，烧了七处房子，现在还不许人上城去看。

爸爸听说有四百个人头，就向叔父说："你快去看看，躲韩在里边没有。赶快去，赶快去。"

躲韩就是我那紫色脸膛的表兄，我明白他昨天晚上也在城外杀仗后，心中十分关切。听说衙门口有那么多人头，还有一大串人耳朵，正与我爸爸平时为我说到的杀长毛故事相合，我又兴奋又害怕，简直不知道怎么办。洗过了脸，我方走出房门，看看天气阴阴的像要落雨的神气，一切皆很黯淡。街口平常这时照例可以听到卖糕人的声音，以及各种别的叫卖声音，今天却异常清静，似乎过年一样。我想得到一个机会出去看看，我最关心的是那些我从不曾摸过的人头。一会儿，我的机会便来了，长身四叔跑回来告我爸爸，人头里没有躲韩的头。且说衙门口人多着，街上铺子都已奉命开了门，张家二老爷也上街看热闹了。对门张家二老爷，原是暗中和革命党有联系的本地绅士之一。因此我爸爸便问我："小东西，怕不怕人头，不怕就同我出去。"

"不，我想看看。"

于是我就在道尹衙门口平地上看到了一大堆肮脏血污的人头，还有衙门口鹿角上、辕门上，也无处不是人头。从城边取回的几架云梯，全用新毛竹做成（就是把这新从山中砍来的竹子，横横地贯了许多木棍），云梯木棍上也悬挂许多人头。看到这些东西我实在稀奇，我不明白为什么要杀那么多人。我不明白这些人因什么事就被把头割下。我随后又发现了那一串耳朵，那么一串东西，一生真再也不容易见到过的古怪东西！叔父问我："小东西，你怕不怕？"我说："不怕。"我原先已听了多少杀仗的故事，总说是"人头如山，血流成河"，看戏时也总说是"千军万马分个胜败"，却除了从戏台上间或演秦琼哭头时可看到一个木人头放在朱红盘子里托着舞来舞去，此外就不曾看到过一次真的杀仗砍下什么人头。现在却有那么一大堆血淋淋的从人颈脖上砍下的东西。我并不怕，可不明白为什么这些人就让兵士砍他们，有点儿疑心，以为这一定有了错误。

为什么他们被砍？砍他们的人又为什么？心中许多疑问，回到家中时问爸爸，爸爸只说这是"造反打了败仗"，也不能给我一个满意的答复。我当时以为爸爸那么伟大的人，天上地下知道不知多少事，居然也不明白这件事，倒真觉得奇怪。到现在我才明白这事永远在世界上不缺少，可是谁也不能够给小孩子一个最得体的回答。

这革命原是城中绅士早已知道，用来对付镇筸镇和辰沅永靖兵备道两个衙门里的旗人大官同那些外路商人，攻城以前先就约好了的。但临时却因军队方面谈的条件不妥误了大事。

革命算已失败了，杀戮还只是刚在开始。城防军把防务布置周密妥当后，就分头派兵下乡去捉人，捉来的人只问问一句两句话，就牵出城外去砍掉。平常杀人照例应当在西门外，现在"造反"的人既从北门来，因此应杀的人也就放在北门河滩上杀戮。当初每天必杀一百左右，每次杀五十个人时，行刑兵士还只是二十人，看热闹的也不过三十左右。有时衣也不剥，绳子也不捆缚，就那么跟着赶去的。常常有被杀的站得稍远一点儿，兵士以为是看热闹的人，就忘掉走去。被杀的差不多全从乡下捉来，糊糊涂涂不知道是些什么事，因此还有一直到了河滩被人吼着跪下时，才明白行将有什么新事，方大声哭喊惊惶乱跑，刽子手随即赶上前去那么一阵乱刀砍翻的。

这愚蠢残酷的杀戮继续了约一个月，才渐渐减少下来。或者因为天气既很严冷，不必担心到它的腐烂，埋不及时就不埋，或者又因为还另外有一种示众意思，河滩的尸首总常常躺下四五百。

到后人太多了，仿佛凡是西北苗乡捉来的人都得杀头。衙门方面把文书禀告到抚台时大致说的就是"苗人造反"，因此照规矩还得剿平这一片地面上的人民。捉来的人一多，被杀的头脑简单异常，无法自脱。但杀人那一方面知道下面消息多些，却似乎有点儿寒了心。几个本地有力的绅士，也就是暗地里同城外人沟通却不为官方知道的人，便一同向道台请求有一个限制。经过一番选择，该杀的杀，该放的放。每天捉来的人既有一百两百，差不多全是四乡的农民，既不能全部开释，也不能全部杀头，因此选择的手续，便委托了本地人民所敬信的天王。把犯人牵到天王庙大殿前院坪里，在神前掷竹签，一仰一覆的顺筊，开释；双仰的阳筊，开释；双覆的阴筊，杀头。生死取决于一掷，应死的自己向左走去，该活的自己向右走去。一个人在一分赌博上既占去便宜四分之三[1]，因此应死的谁也不说话，就低下头走去。

我那时已经可以自由出门，一有机会就常常到城头上去看对

---

[1] 这里原文是"三分之二"，我的好友数学家钟开莱先生说，根据概率论的道理，实际有四分之三机会开释，建议我改过来。——作者注。

河杀头。每当人已杀过赶不及看那一砍时，便与其他小孩比赛眼力，一二三四计数那一片死尸的数目。或者又跟随了犯人，到天王庙看他们掷筊。看那些乡下人，如何闭了眼睛把手中一副竹筊用力抛去，有些人到已应当开释时还不敢睁开眼睛。又看着些虽应死去还想念到家中小孩与小牛猪羊的，那分颓丧、那分对神埋怨的神情，真使我永远忘不了，也影响到我一生对于滥用权力的特别厌恶。

我刚好知道"人生"时，我知道的原来就是这些事情。

第二年三月，本地革命成功了，各处悬上白旗，写个"汉"字，小城中官兵算是对革命军投了降。革命反正的兵士结队成排在街上巡游。外来镇守使、道尹、知县已表示愿意走路，地方一切皆由绅士出面来维持，并在大会上进行民主选举，我爸爸便即刻成为当地要人了。

那时节我哥哥、弟弟同两个姐姐，全从苗乡接回来了，家中无数乡下军人来来往往，院子中坐满了人。在一群陌生人中，我发现了那个紫黑脸膛的表哥。他并没有死去，背了一把单刀，朱红牛皮的刀鞘上描着黄金色双龙抢宝的花纹。他正在同别人说那一夜走近城边爬城的情形。我悄悄地告诉他："我过天王庙看犯人掷筊，想知道犯人中有不有你，可见不着。"那表哥说："他们手短了些，捉不着我。现在应当我来打他们了。"当天全城人过天王庙开会时，我爸爸正在台上演说，那表哥当真就爬上台去，重重地打了县太爷一个嘴巴，使得台上台下到会人都笑闹不已，演说也无法继续。

革命使我家中也起了变化。不多久，爸爸与一个姓吴的竞选去长沙会议代表失败，心中十分不平，赌气出门往北京去了。和本地阚祝明同去，住杨梅竹斜街西西会馆，组织了个铁血团谋刺袁世凯，被侦探发现，阚被捕当时枪决。我父亲因看老谭的戏，有熟人通知，即逃出关，在热河都统姜桂题、米振标处隐匿（因为相熟），后改名换姓在赤峰、建平等县做科长多年，袁死后才和家里通信。只记到借人手写信来典田还账。到后家中就破产了。父亲的还乡，还是我哥哥出关万里寻亲接回的。哥哥会为人画像，借此谋生，东北各省都跑过，最后才在赤峰找到了父亲。爸爸这一去，直到十一年后当我从湘边下行时，在辰州又见过他一面，从此以后便再也见不着了。

我爸爸在竞选失败离开家乡那一年，我最小的一个九妹，刚好出世三个月。

革命后地方不同了一点儿，绿营制度没有改变多少，屯田制度也没有改变多少，地方有军役的，依然各因等级不同，按月由本人或家中人到营上去领取食粮与碎银。守兵当值的，到时照常上衙门听候差遣。马兵仍照旧把马养在家中。衙门前钟鼓楼每到晚上仍有三五个吹鼓手奏乐。但防军组织分配稍微不同了，军队所用器械不同了，地方官长不同了。县知事换了本地人，镇守使也换了本地人。当兵的每家大门边钉了一小牌，载明一切，且各因兵役不同，木牌种类也完全不同。道尹衙门前站在香案旁宣讲圣谕的秀才已不见了。

但革命印象在我记忆中不能忘记的，却只是关于杀戮那几千无辜农民的几幅颜色鲜明的图画。

民三左右地方新式小学成立，民四我进了新式小学，民六夏我便离开了家乡，在沅水流域十三县开始过流荡生活，接受另外一种人生教育了。

○ ○ ○ 我上许多课仍然不放下那一本大书

我改进了新式小学后，学校不背诵经书，不随便打人，同时也不必成天坐在桌边，每天不只可以在小院子中玩，互相扭打，先生见及，也不加以约束，七天照例又还有一天放假，因此我不必再逃学了。可是在那学校照例也就什么都不曾学到。每天上课时照例上上，下课时就遵照大的学生指挥，找寻大小相等的人，到操坪中去打架。一出门就是城墙，我们便想法爬上城去，看城外对河的景致。上学散学时，便如同往常一样，常常绕了多远的路，去城外边街上看看那些木工手艺人新雕的佛像贴了多少金。看看那些铸钢犁的人，一共出了多少新货。或者什么人家孵了小鸡，也常常不管远近必跑去看看。一到星期日，我在家中写了十六个大字后，就一溜出门，一直到晚方回家中。

半年后，家中母亲相信了一个亲戚的建议，以为应从城内第二初级小学换到城外第一小学，这件事实行后更使我方便快乐。新学校临近高山，校屋前后各处是大树，同学又多，当然十分有趣。到这学校我仍然什么也不学得，生字也没认识多少，可是我倒学会了爬树。几个人一下课就在校后山边各自拣选一株合抱大梧桐树，看谁先爬到顶。我从这方面便认识约三十种树木的名称。因为爬树有时跌下或扭伤了脚，刺破了手，就跟同学去采药，又认识了十来种草药。我开始学会了钓鱼，总是上半天学钓半天鱼。我学会了采笋子，采蕨菜。后山上到春天各处是野兰花、各处是可以充饥解渴的刺莓，在竹篁里且有无数雀鸟，我便跟他们认识了许多雀鸟，且认识许多果树。去后山约一里左右，又有一个制瓷器的大窑，我们便常常到那里去看人制造一切瓷器，看一块白泥在各样手续下如何就变成为一个饭碗，或一件别种用具的生产过程。

学校环境使我们在校外所学的实在比校内课堂上多十倍。但在学校也学会了一件事，便是各人用刀在座位板下镌雕自己的名字。又因为学校有做手工的白泥，我们就用白泥摹塑教员的肖像，且各为取一怪名："绵羊""耗子""老土地菩萨"，还有更古怪的称呼。总之随心所欲。在这些事情上我的成绩照例比学校功课好一点儿，但自然不能得到任何奖励。学校已禁止体罚，可是记过罚站还在执行。

照情形看来，我已不必逃学，但学校既不严格，四个教员恰恰又有我两个表哥在内，想要到什么地方去时，我便请假。看戏请假，钓鱼请假，甚至于几个人到三里外田坪中去看人割禾、捉蚱蜢也向老师请假。

那时我家中每年还可收取租谷三百石左右，三个叔父、二个姑母占两份，我家占一份。到秋收时，我便同叔父或其他年长亲戚，往二十里外的乡下去，督促佃户和临时雇来的工人割禾。等到田中成熟禾穗已空，新谷装满白木浅缘方桶时，便把新谷倾倒到大晒谷簟上来，与佃户平分，其一半应归佃户所有的，由他们去处置，我们把我家应得那一半，雇人押运回家。在那里最有趣处是可以辨别各种禾苗，认识各种害虫，学习捕捉蚱蜢、分别蚱蜢。同时学用鸡笼去罩捕水田中的肥大鲤鱼、鲫鱼，把鱼捉来即用黄泥包好塞到热灰里去煨熟分吃。又向佃户家讨小小斗鸡，且认识种类，准备带回家来抱到街上去寻找别人公雏作战。又从农家小孩学习抽稻草心织小篓小篮，剥桐木皮做卷筒哨子，用小竹子做唢呐。有时捉得一个刺猬，有时打死一条大蛇，又有时还可跟叔父让佃户带到山中去，把雉媒抛出去，吹嗯哨招引野雉，鸟枪里装上一把黑色土药和散碎铁砂，猎取这华丽骄傲的禽鸟。

为了打猎，秋末冬初我们还常常去佃户家。看他们下围，跟着他们乱跑。我最欢喜的是猎取野猪同黄麂。有一次还被他们捆缚在一株大树高枝上，看他们把受惊的黄麂从树下追赶过去。我又看过猎狐，眼看着一对狡猾野兽在一株大树根下转，到后这东西便变成了我叔父的马褂。

学校既然不必按时上课，其余的时间我们还得想出几件事情来消磨，到下午三点才能散学。几个人爬上城去，坐在大铜炮上看城外风光，一面拾些石头奋力向河中掷去，这是一个办法。另外就是到操场一角沙地上去拿顶翻筋斗，每个人轮流来做这件事，不溜刷的便仿照技术班办法，在那人腰身上缚一条带子，两个人各拉一端，翻筋斗时用力一抬，日子一多，便无人不会翻筋斗了。

因为学校有几个乡下来的同学，身体壮大异常，便有人想出好主意，提议要这些乡下孩子装成马匹，让较小的同学跨到马背上去，同另一匹马上另一员勇将来作战，在上面扭成一团，直到跌下地后为止。这些做马匹的同学，总照例非常忠厚可靠，在任何情形下皆不卸责。作战总有受伤的，不拘谁人头面有时流血了，就抓一把黄土，将伤口敷上，全不在乎似的。我常常设计把这些人马调度得十分如法，他们服从我的编排，比一匹真马还驯服规矩。

放学时天气若还早一些，几个人不是上城去坐坐，就常常沿了城墙走去。有时节出城去看看，有谁的柴船无人照料，看明白了这只船的的确确无人时，几人就匆忙跳上了船，很快地向河中心划去。等一会儿那船主人来时，若在岸上和和气气地说："兄弟，兄弟，快把船划回来。我得回家！"

遇到这种和平讲道理人时，我们也总得十分和气地把船划回来，各自跳上了岸，让人家上船回家。若那人性格暴躁点儿，一见自己小船给一群胡闹的小将送到河中打着圈儿转，心中十分忿怒，大声地喊骂，说出许多恐吓无理的野话，那我们便一面回骂着，一面快快地把船下游流去，尽他叫骂也不管它。到下游时几个人上了岸，就让这船搁在河滩上不再理会了。有时刚上船坐定，即刻便被船主人赶来，那就得担当一分惊险了。船主照例知道我们受不了什么簸荡，抢上船头，把身体故意向左右连续倾侧不已，因此小船就在水面胡乱颠簸，一个无经验的孩子担心会掉到水中去，必惊骇得大哭不已。但有了经验的人呢，你估计一下，先看看是不是逃得上岸，若已无可逃避，那就好好地坐在船中，尽那乡下人的磨炼，拼一身衣服给水湿透，你不慌不忙，只稳稳地坐在船中，不必作声告饶，也不必恶声相骂，过一会儿那乡下人看看你胆量不小，知道用这方法吓不了你，他就会让你明白他的行为不过是一种不带恶意的玩笑，这玩笑到时应当结束了，必把手叉上腰边，向你微笑，抱歉似的微笑。

"少爷，够了，请你上岸！"

于是几个人便上岸了。有时不凑巧，我们也会为人用小桨竹篙一路追赶着打我们，还一路骂我们。只要逃走远一点点，用什么话骂来，我们照例也就用什么话骂回去，追来时我们又很快地跑去。

那河里有鳜鱼，有鲫鱼，有小鲇鱼，钓鱼的人多向上游一点儿走去。隔河是一片苗人的菜园，不涨水，从跳石上过河，到菜园里去看花、买菜心吃的次数也很多。河滩上各处晒满了白布同青菜，每天还有许多妇人背了竹笼来洗衣，用木棒杵在流水中捶打，訇訇的从北城墙脚下应出回声。

天热时，到下午四点以后，满河中都是赤光光的身体。有些军人好事爱玩，还把小孩子、战马、看家的狗同一群鸭雏，全部都带到河中来。有些人父子数人同来，大家皆在激流清水中游泳。不会游泳的便把裤子泡湿，扎紧了裤管，向水中急急地一兜，捕捉了满满的一裤空气，再用带子捆好，便成了极合用的"水马"。有了这东西，即或全不会漂浮的人，也能很勇敢地向水深处泅去。到这种人多的地方，照例不会出事故被水淹死的，一出了什么事，大家皆很勇敢地救人。

我们洗澡可常常到上游一点儿去，那里人既很少，水又极深，对我们才算合式。这件事自然得瞒着家中人。家中照例总为我担忧，唯恐一不小心就会为水淹死。每天下午既无法禁止我出去玩，又知道下午我不会到米厂上去同人赌骰子，那位对于拘管我、侦察我十分负责的大哥，照例一到饭后我出门不久，他也总得到城外河边一趟。人多时不能从人丛中发现我，就沿河去注意我的衣服，在每一堆衣服上来一分注意。一见到了我的衣服，一句话不说，就拿起来走去，远远地坐到大路上，等候我要穿衣时来同他会面。衣裤既然在他手上，我不能不见他了，到后只好走上岸来，从他手上把衣服取到手，两人沉沉默默地回家。回去不必说什么，只准备一顿打。可是经过两次教训后，我即或仍然在河中洗澡，也就不至于再被家中人发现了。我可以搬些石头把衣压着，只要一看到他从城门洞边大路走来时，必有人告给我，我就快快地泅到河中去，向天仰卧，把全身泡在水中，只露出一张脸一个鼻孔来，尽岸上那一个搜索也不会得到什么结果。有些人常常同我在一处，哥哥认得他们，看到了他们时，就唤他们：

"熊澧南、印鉴远，你见我兄弟老二吗？"

那些同学便故意大声答道："我们不知道，你不看看衣服吗？"

"你们不正是成天在一堆胡闹吗？"

"是呀，可是现在谁知道他在哪一片天底下。"

"他不在河里吗？"

"你不看看衣服吗？不数数我们的人数吗？"

这好人便各处望望，果然不见到我的衣裤，相信我那朋友的答复不是谎话，于是站在河边欣赏了一阵河中景致，又弯下腰拾起两个放光的贝壳，用他那双常若含泪发愁的艺术家眼睛赏鉴了一下，或坐下来取出速写簿，随意画两张河景的素描，口上嘘嘘打着嗯哨，又向原来那条路上走去了。等他走去以后，我们便来模仿我这个可怜的哥哥，互相反复着前后那种答问。"熊澧南、印鉴远，看见我兄弟吗？""不知道，不知道，你自己不看看这里一共有多少衣服吗？""你们成天在一堆！""是呀！成天在一堆，可是谁知道他现在到哪儿去了呢？"于是互相浇起水来，直到另一个逃走方能完事。

有时这好人明知道我在河中，当时虽无法擒捉，回头却常常隐藏在城门边，坐在卖荞粑的苗妇人小茅棚里，很有耐心地等待着。等到我十分高兴地从大路上同几个朋友走近身时，他便风快地同一只公猫一样，从那小棚中跃出，一把攫住了我衣领。于是同行的朋友就大嚷大笑，伴送我到家门口，才自行散去。不过这种事也只有三两次，从经验上既知道这一着棋时，我进城时便常常故意慢一阵，有时且绕了极远的东门回去。

我人既长大了些，权利自然也多些了，在生活方面我的权利便是，即或家中明知我下河洗了澡，只要不是当面被捉，家中可不能用爬搔皮肤方法决定我应否受罚了。同时我的游泳自然也进步多了。我记得，我能在河中来去泅过三次，至于那个名叫熊澧南的，却大约能泅过五次。

下河的事若在平常日子，多半是三点晚饭以后才去。如遇星期日，则常常几人先一天就邀好，过河上游一点儿棺材潭的地方去，泡一个整天，泅一阵水又摸一会儿鱼，把鱼从水中石底捉得，就用枯枝在河滩上烧来当点心。有时那一天正当附近十里长宁哨苗乡场集，就空了两只手跑到那地方去玩一个半天。到了场上后，过卖牛处看看他们讨论价钱盟神发誓的样子，又过卖猪处看看那些大猪小猪，察看它，把后脚提起时必锐声呼喊。又到赌场上去看那些乡下人一只手抖抖地下注，替别人担一阵心。又到卖山货处去，用手摸摸那些豹子、老虎的皮毛，且听听他们谈到猎取这野物的种种危险经验。又到卖鸡处去，欣赏欣赏那些大鸡小鸡，我们皆知道什么鸡战斗时厉害、什么鸡生蛋极多。我们且各自把那些斗鸡毛色记下来，因为这些鸡照例当天全将为城中来的兵士和商人买去，五天以后就会在城中斗鸡场出现。我们间或还可在敞坪中看苗人决斗，用扁担或双刀互相拼命。小河边到了场期，照例来了无数小船和竹筏，竹筏上且常常有长眉秀目脸儿极白奶头高耸的青年苗族女人，用绣花大衣袖掩着口笑，使人看来十分舒服。我们来回走二三十里路，各个人两只手既是空空的，因此在场上什么也不能吃。间或谁一个人身上有一两枚铜元，就到卖狗肉摊边去割一块狗肉，蘸些盐水，平均分来吃吃。或者无意中谁一个在人丛中碰着了一位亲长，被问道："吃过点心吗？"人家正饿着，互相望了会儿，羞羞怯怯地一笑。那人知道情形了，便说："这成吗？不喝一杯还算赶场吗？"到后自然就被拉到狗肉摊边去，切一斤两斤肥狗肉，分割成几大块，各人来那么一块，蘸了盐水往嘴上送。

机会不巧不曾碰到这么一个慷慨的亲戚，我们也依然不会瘪了肚皮回家。沿路有无数人家的桃树李树，果实全把树枝压得弯弯的，等待我们去为它们减除一分担负。还有多少黄泥田里，红萝卜大得如小猪头，没有我们去吃它、赞美它，便始终委屈在那深土里！除此以外，路塍上无处不是莓类同野生樱桃，大道旁无处不是甜滋滋的地枇杷，无处不可得到充饥果腹的山果野莓。口渴时无处不可以随意低下头去喝水。至于茶油树上长的茶莓，则长年四季都可以随意采吃，不犯任何忌讳。即或任何东西没得吃，我们还是依然十分高兴。就为的是乡场中那一派空气、一阵声音、一分颜色，以及在每一处每一项生意人身上发出那一股不同臭味，就够使我们觉得满意！我们用各样官能吃了那么多东西，即使不再用口来吃喝，也很够了。

到场上去我们还可以看各样水碾水碓，并各种形式的水车。我们必得经过好几个榨油坊，远远地就可以听到油坊中打油人唱歌的声音。一过油坊时便跑进去，看看那些堆积如山的桐子，经过些什么手续才能出油。我们只要稍稍绕一点儿路，还可以从一个造纸工作场过身，在那里可以看他们利用水力捣碎稻草同竹篠，用细篾帘子勺取纸浆做纸。我们又必须从一些造船的河滩上过身，有万千机会看到那些造船工匠在太阳下安置一只小船的龙骨，或把粗麻头同桐油石灰嵌进缝罅里修补旧船。

总而言之，这样玩一次，就只一次，也似乎比读半年书还有益处。若把一本好书同这种好地方尽我拣选一种，直到如今我还觉得不必看这本弄虚作伪千篇一律用文字写成的小书，却应当去读那本色香俱备内容充实用人事写成的大书。

我不明白我为什么就学会了赌骰子。大约还是因为每早上买菜，总可剩下三五个小钱，让我有机会傍近用骰子赌输赢的糕类摊子。起始当三五个人蹲到那些戏楼下，把三粒骰子或四粒骰子或六粒骰子抓到手中奋力向大土碗掷去，跟着它的变化喊出种种专门名词时，我真忘了自己也忘了一切。那富于变化的六骰子赌，七十二种"快""臭"，一眼间我都能很得体地喊出它的得失。谁也不能在我面前占便宜，谁也骗不了我。自从精明这一项玩意儿以后，我家里这一早上若派我出去买菜，我就把买菜的钱去做注，同一群小无赖在一个有天棚的米厂上玩骰子，赢了钱自然全部买东西吃，若不凑巧全输掉时，就跑回来悄悄地进门找寻外祖母，从她手中把买菜的钱得到。

但这是件相当冒险的事，家中知道后可得痛打一顿，因此赌虽然赌，经常总只下一个铜子的注，赢了拿钱走去，输了也不再来，把菜少买一些，总可敷衍下去。

由于赌术精明，我不大担心输赢。我倒最希望玩个半天结果无输无赢。我所担心的只是正玩得十分高兴，忽然后领一下子为一只强硬有力的瘦手攫定，一个哑哑的声音在我耳边响着："这一下捉到你了！这一下捉到你了！"

先是一惊。想挣扎可不成。既然捉定了，不必回头，我就明白我被谁捉到，且不必猜想，我就知道我回家去应受些什么款待。于是提了菜篮让这个仿佛生下来给我作对的人把我揪回去。这样过街可真无脸面，因此不是请求他放和平点儿抓着我一只手，总是趁他不注意的情形下，忽然挣脱，先行跑回家去，准备他回来时受罚。

每次在这件事上我受的处罚都似乎略略过分了些，总是把一条绣花的白绸腰带缚定两手，系在空谷仓里，用鞭子打几十下，上半天不许吃饭，或是整天不许吃饭。亲戚中看到觉得十分可怜，多以为哥哥不应当这样虐待弟弟。但这样不顾脸面地去同一些乞丐赌博，给了家中多少气恼，我是不理解的。

我从那方面学会了不少下流野话和赌博术语，在亲戚中身份似乎也就低了些。只是当十五年后，我能够用我各方面的经验写点儿故事时，这些粗话野话却给了我许多帮助，增加了故事中人物的色彩和生命。

革命后，本地设了女学校，我两个姐姐一同被送过女学校读书。我那时也欢喜到女学校去玩，就因为那地方有些新奇的东西。学校外边一点，有个做小鞭炮的作坊，从起始用一根细钢条，卷上了纸，送到木机上一搓，吱的一声就成了空心的小管子，再如何经过些什么手续，便成了燃放时啪的一声的小爆仗，被我看得十分熟悉。我借故去瞧姐姐时，总在那里看他们工作一会儿。我还可看他们烘焙火药，碓舂木炭，筛硫磺，配合火药的原料，因此明白制烟火用的药同制爆仗用的药，硫磺的分配分量如何不同。这些知识远比学校读的课本有用。

一到女学校时，我必跑到长廊下去，欣赏那些平时不易见到的织布机器。那些大小不同钢齿轮互相衔接，一动它时全部都转动起来，且发出一种异样陌生的声音，听来我总十分欢喜。我平时是个怕鬼的人，但为了欣赏这些机器，黄昏中我还敢在那儿逗留，直到她们大声呼喊各处找寻时，我才从廊下跑出。

当我转入高小那年，正是民国五年，我们那地方为了上年受蔡锷讨袁战事的刺激，感觉军队非改革不能自存，因此本地镇守署方面，设了一个军官团。前为道尹后改苗防屯务处方面，也设了一个将弁学校。另外还有一个教练兵士的学兵营，一个教导队。小小的城里多了四个军事学校，一切都用较新方式训练，地方因此气象一新。由于常常可以见到这类青年学生结队成排在街上走过，本地的小孩以及一些小商人，都觉得学军事较有意思、有出息。有人与军官团一个教官做邻居的，要他在饭后课余教教小孩子，先在大街上练操，到后却借了附近由皇殿改成的军官团操场使用，不上半月，便召集了一百人左右。

有同学在里面受过训练来的，精神比起别人来特别强悍，显明不同于一般同学。我们觉得奇怪。这同学就告我们一切，且问我愿不愿意去。并告我到里面后，每两月可以考选一次，配吃一份口粮做守兵战兵的，就可以补上名额当兵。在我生长那个地方，当兵不是耻辱。多久以来，文人只出了个翰林即熊希龄，两个进士，四个拔贡。至于武人，随同曾国荃打入南京城的就出了四名提督军门，后来从日本士官学校出来的朱湘溪，还做蔡锷的参谋长，出身保定军官团的，且有一大堆，在湘西十三县似占第一位。本地的光荣原本是从过去无数男子的勇敢流血博来的。谁都希望当兵，因为这是年轻人的一条出路，也正是年轻人唯一的出路。同学说及进"技术班"时，我就答应试来问问我的母亲，看看母亲的意见，这将军的后人，是不是仍然得从步卒出身。

那时节我哥哥已过热河找寻父亲去了，我因不受拘束，生活既日益放肆，不易教管，母亲正想不出处置我的好方法，因此一来，将军后人就决定去做兵役的候补者了。

○ ○ ○ 预备兵的技术班

家中听说我一到那边去，既有机会考一份口粮，且明白里面规矩极严，以为把我放进去受预备兵的训练，实在比让我在外面撒野较好。即或在技术班免不了从天桥掉下的危险，但有人亲眼看到掉下来，总比无人照料，到那些空山里从高崖上摔下来好些，因此当时便答应了。母亲还为我缝了一套灰布制服。

我把这消息告给学校那个梁班长时，军衣还不曾缝好，他就带我去见了一次姓陈的教官。我第一次见到那个挺着胸脯的人，实在有点儿害怕。但我却因为听说他的杠杆技术曾经得过全省锦标，能够在天桥上竖蜻蜓用手来回走四五次，又能在杠杆上打大车轮至四十来次，简直是个新式徐良、黄天霸，因此虽畏惧他却也欢喜他。

这教官给我第一次印象既不坏，此后的印象也十分好。他对于我似乎也还满意。先看我人那么小，排队总在最后一名，在操场中跑步时，便把我剔出，到"正步走""向后转"走时，我的步子较小一点儿，又想法让我不吃亏。但经过十天后，我的能力和勇敢，就得到他完全的承认，做任何事应当大家去做的，我头上也总派到一份了。

我很感谢那教官，由于他那分严厉，逼迫我学会了一种攀杠杆的技术，到后来还用这点技术救过我自己一次生命的危险。我身体到后在军队中去混了那么久，那一次重重的伤寒病四十天的高热，居然能够支持下来，未必不靠从技术班训练好的一个结实体格所帮助。我的身体是因从小营养不良显得脆弱，性格方面永远保持到一点儿坚实军人的风味，不管有什么困难总去做，不大关心成败得失，似乎也就是那将近一年的训练养成的。

我进到了那军役补习班后，才知道原来在学校做班长的梁凤生，在技术班也还是我们的班长。我在里面得到他的帮助可不少。一进去时的单人教练，他就做了我的教师。当每人到小操场的沙地上学习打筋斗时，用腰带束了我的腰，两个人各用手紧紧地抓着那根带子，好在我正当把两只手垫到地面，想把身体翻过去再一下挺起时，他就赶忙用手一拉，使我不要扭坏腰腿。有时我攀上杠杆，用膀子向后反挂，预备来一次背车，在旁小心照料的也总是他。有时一不小心摔到沙地上，跌哑了喉，想说话无论如何怎样用力再也说不出口，一为他见及，就赶忙搀起我来，扶着我乱跑，必得跑过好一阵，我方说得出话，不至于出现后遗症。

这人在学校书既读得极好，每次考试总得第一，过技术班来成绩也非常好。母亲是一个寡妇，守着三个儿子，替人缝点儿衣服过日子。这同学散操以后，便跑回去，把那个早削好装满甘蔗的篮子，提上街到各处去叫卖，把甘蔗卖完便赚回三五十个小钱。这人虽然为了三五十个钱，每个晚上总得大街小巷地走去。可是在任何地方一遇到同学好友时，总一句话不说，走到你身边米，把一节值五文一段的甘蔗，突然一下塞到你的手里，风快地就跑掉了。我遇到他这样两次，心中真感动得厉害。我并不想那甘蔗吃，却因为他那种慷慨大方处，白日见他时简直使我十分害羞。

这朋友虽待得我很好，可是在学校方面，我最好的一个同学，却是个姓陈名肇林的。在技术班方面，好朋友也姓陈，名继瑛。这个陈继瑛家只隔我家五户。照本地习惯，下午三点即吃晚饭，他每天同我一把晚饭吃过后，就各人穿了灰布军服，在街上气昂昂地并排走出城去。每出城到门洞边时，卖牛肉的屠户，正在收拾他的业务，总故意逗我们，喊叫我们作"排长"。一个守城的老兵，也总故意做一个鬼脸，说两句无害于事的玩笑话。两人心中以为这是小玩笑，我们上学为的是将来做大事，这些小处当然用不着在意。

当时我们所想的实在与这类事不同，他只打量做团长，我就只想进陆军大学。即或我爸爸希望做一将军终生也做不到，但他把祖父那一分过去光荣，用许多甜甜的故事输入到这荒唐顽皮的小脑子里后，却料想不到，发生了很大的影响。书本既不是我所关心的东西，国家又革了命，我知道"中状元"已无可希望，却俨然有一个"将军"的志气。家中别的什么教育都不给我，所给的也恰恰是我此后无多大用处的。可是爸爸给我的教育，却对于我此后生活的转变，以及在那个不利于我读书的生活中支持，真有很大的益处。体魄不甚健实的我，全得爸爸给我那分启发，使我在任何困难情形中总不气馁，任何得意生活中总不自骄，比给我任何数目的财产，还似乎更贵重难得。

当营上的守兵不久有了几名缺额，我们那一组应当分配一名时，我照例去考过一次。考试的结果当然失败，但我总算把各种技术演习了那么一下。也在小操场杠杆上做挂腿翻上，再来了十个背车。又蹲了一次木马，走了一度天桥，且在平台上拿了一个大顶，再丢手侧身倒掷而下。又在大操场指挥一个十人组成的小队做正步、跑步、跪下、卧下种种口令，完事时还跑到阅兵官面前，用急促的声音完成一种报告。操演时因为有镇守署中的参谋长和别的许多军官在场，临事虽不免有点儿慌张，但一切动作做得还不坏，不跌倒，不吃沙，不错误手续。且想想，我那时还是一个十三岁半的孩子！这次结果守兵名额虽然被一位美术学校的学生田大哥得去了，大家却并不难过（这人原先在艺术学校考第一名，在我们班里做了许久大队长，各样都十分来得。这人若当时机会许可他到任何大学去读书，一定也可做个最出色的大学生。若机会许可他上外国去学艺，在绘画方面的成就，会成一颗放光的星子。可是到后来机会委屈了他，环境限止了他，自己那点儿自足骄傲脾气也妨碍了他。十年后跑了半个中国，还是在一个少校闲曹的位置上打发日月），当时各人虽没有得到当兵的荣耀，全体却十分快乐。我记得那天回转家里时，家中人问及一切，竟对我亲切地笑了许久。且因为我得到过军部的奖语，仿佛便以为我未来必有一天可做将军。为了欢迎这未来将军起见，第二天杀了一只鸡，鸡肝鸡头全为我独占。

第二回又考试过一次，那守兵的缺额却为一个姓舒的小孩子占去了，这人年龄和我不相上下，各种技术皆不如我，可是却有一分独特的胆量，能很勇敢地在一个两丈余高的天桥上，翻倒筋斗掷下，落地时身子还能站立稳稳的，因此大家仍无话说。这小孩子到后两年却害热病死了。

第三次的兵役给了一个名"田棒槌"的，能跳高，撑篙跳会考时第一。这人后来当兵出防到外县去，也因事死掉了。

我在那里考过三次，得失之间倒不怎么使家中失望。家中人眼看着我每天能够把军服穿得整整齐齐地过军官团上操，且明白了许多军人礼节，似乎上了正路，待我也好了许多。可是技术班全部组织，差不多全由那教官一人所主持，全部精神也差不多全得那教官一人所提起，就由于那点儿稀有精神，被那位镇守使看中了意，当他卫队团的营副出了缺时，我们那教官便被调去了。教官一去，学校自然也无形解体了。

这次训练算来大约是八个月左右，因为起始在吃月饼的八月，退伍是次年开桃花的三月。我记得那天散操回家，我还在一个菜园里摘了一大把桃花回家。

那年我死了一个二姐，她比我大两岁，美丽、骄傲、聪明、大胆，在一行九个兄弟姐妹中，这姐姐比任何一个都强过一等。她的死也就死在那分要好使强的性格上。我特别伤心，埋葬时，悄悄带了一株山桃插在坟前土坎上。过了快二十年从北京第一次返回家乡上坟时，想不到那株山桃树已成了两丈多高一株大树。

○ ○ ○ 一个老战兵

当时在补充兵的意义下，每日受军事训练的，本城计分三组，我所属的一组为城外军官团陈姓教官办的，那时说来似乎高贵一些。另一组在城里镇守使衙门大操坪上操的，归镇守使署卫队杜连长主持，名分上便较差些。这两处都用新式入伍训练。还有一处归我本街一个老战兵滕四叔所主持，用的是旧式教练。新式教练看来虽十分合用，钢铁的纪律把每个人皆造就得自重强毅，但实在说来真无趣味。且想想，在附近中营游击衙门前小坪操练的一群小孩子，最大的不过十七岁，较小的还只十二岁，一下操场总是两点钟，一个跑步总是三十分钟，姿势稍有不合就是当胸一拳，服装稍有疏忽就是一巴掌。盘杠杆，从平台上拿顶，向木马上扑过，一下子掼到地上时，哼也不许哼一声。过天桥时还得双眼向前平视，来回做正步通过。野外演习时，不管是水是泥，喊卧下就得卧下。这些规矩纪律真不大同本地小孩性格相宜。可是旧式的那一组，却太潇洒了。他们学的是翻筋斗，打藤牌，舞长槊，耍齐眉棍。我们穿一色到底的灰衣，他们却穿各色各样花衣。他们有描花皮类的方盾牌，藤类编成的圆盾牌，有弓箭，有标枪，有各种华丽悦目的武器。他们或单独学习，或成对厮打，各人可各照自己意见去选择。他们常常是一人手持盾牌军刀，一人使关刀或戈矛，照规矩练"大刀取耳""单戈破牌"或其他有趣厮杀题目。两人一面厮打一面大声喊"砍""杀""摔""坐"，应当归谁翻一个筋斗时，另一个就用敏捷的姿势退后一步，让出个小小地位。应当归谁败下时，战败的跌倒时也有一定的章法，做得又自然，又活泼。做教师的在身旁指点，稍有了些错误自己就占据到那个地位上去示范，为他们纠正错误。

这教师就是个奇人趣人，不拘向任何一方翻筋斗时，毫不用力，只需把头一偏，即刻就可以将身体在空中打一个转折。他又会爬树，极高的桄子，顷刻之间就可上去。他又会拿顶，在城墙雉堞上，在城楼上，在高桄半空棋抖上，无地无处不可以身体倒竖把手当成双脚，来支持很久的时间。他又会泅水，任何深处都可以一汆子到底，任何深处都可以泅去。他又会摸鱼、钓鱼、叉鱼，有鱼的地方他就可以得鱼。他又明医术，谁跌碰伤了手脚时，随手采几样路边草药，捣碎敷上，就可包好。他又善于养鸡养鸭，大门前常有许多高贵种类的斗鸡。他又会种花，会接果树，会用泥土捏塑人像。

这旧式的一组能够存在，且居然能够招收许多子弟，实在说来，就全为的是这个教练的奇才异能。他虽同那么一大堆小孩子成天在一处过日子，却从不拿谁一个钱，也从不要公家津贴一个钱。他只属于中营的一个老战兵，他做这件事也只因为他欢喜同小孩子在一处。全城人皆喊他为"滕师傅"，他却的的确确不委屈这一个称呼。他样样来得懂得，并且无一事不精明在行，你要骗他可不成，你要打他你打不过他。最难得处就是他比谁都和气，比谁都公道。但由于他是一个不识字的老战兵，见"额外……守备"这一类小官时也得谦谦和和地喊一声"总爷"。他不单教小孩子打拳，有时还鼓励小孩子打架；他不只教他们摆阵，甚至于还教他们洗澡、赌博。因此家中有规矩点儿的小孩，却不大到他这里来，到他身边来的，多数是些寒微人家子弟。

他家里藏了漆朱红花纹的牛皮盾牌，带红缨的标枪，镀银的方天画戟，白檀木的齐眉棍。他家中有无数的武器，同时也有无数的玩具：有锣、有鼓、有笛子胡琴，渔鼓简板，骨牌纸牌，无不齐全。大白天，家中照例当常有人唱戏打牌，如同一个俱乐部。到了应当练习武艺时，弟子儿郎们便各自扛了武器到操坪去。天气炎热不练武，吃过饭后就带领一群小孩，并一笼雏鸭，拿了光致致的小鱼叉，一同出城下河去教练小孩子泅水，且用极优美姿势钻进深水中去摸鱼。

在我们新式操练两组里，谁犯了事，不问年龄大小，不是当胸一拳，就是罚半点钟立正，或一个人独自绕操场跑步一点钟。可是在他们这方面，就不作兴这类苛刻处罚。一提到处罚，他们就嘲笑这是种"洋办法"，事情由他们看来十分好笑。至于他们的错误，改正错误的，却总是那师傅来一个示范的典雅动作，相伴一个微笑。犯了事，应该处罚，也总不外是罚他泅过河一次，或类似有趣味的待遇，在处罚中即包含另一种行为的奖励。我们敬畏老师，一见教官时就严肃了许多，也拘束了许多。他们则爱他的师傅，一近身时就潇洒快乐了许多。我们那两组学到后来得学打靶、白刃战的练习，终点是学科中的艰深道理，射击学、筑城学以及种种不顺耳与普通生活无关系的名词。他们学到后来却是驰马射箭，再多学些便学摆阵，人穿了五彩衣服，扛了武器和旗帜，各自随方位调动，随金鼓声进退。我们永远是枯燥的，把人弄呆板起来，对生命不流动的。他们却自始至终使人活泼而有趣味，学习本身同游戏就无法分开。

本地武备补充训练既分三处，当时从学的，最合于事实的希望，大都只盼得一个守兵的名额。我们新式操练成绩虽不坏，可是有守兵出缺实行考试时，还依然让那老战兵所教练的旧式一组得去名额最多。即到十六年后的现在，从三处出身的军官，精明、能干、勇敢、负责，也仍然是一个从他那儿受过基础教育的张姓团长，最在行出色。

当时我同那老战兵既同住一条街上，家中间或有了什么小事，还得常常请他帮点儿忙。譬如要点儿药，或做点儿别的事，总少不了他。可是家中却不许我跟这老战兵在一处，还是要我扛了一支长长的青竹子，出城过军官团去学习撑篙跳，让班长用拳头打胸脯，大约就为的是担心我跟这样俗气的人把习惯弄坏。但家中却料不到十来年后，在军队中好几次危险，我用来自救救人的知识，便差不多全是从那老战兵学来的！

在我那地方，学识方面使我敬重的是我一个姨父，是个进士，辛亥后民选县知事。带兵方面使我敬重的是本地一统领官。做人最美，技能最多，使我觉得他富于人性十分可爱的，就是这个老战兵。

家中对于我的放荡既缺少任何有效方法来纠正，家中正为外出的爸爸卖去了大部分不动产，还了几笔较大的债务，景况一天比一天坏下去。加之二姐死去，因此母亲看开了些，以为与其让我在家中堕入下流，不如打发我到世界上去学习生存。在各样机会上去做人，在各种生活上去得到知识与教训。当我母亲那么打算了一下，决定了要让我走出家庭到广大社会中去竞争生存时，就去向一个杨姓军官谈及，得到了那方面的许可，应允尽我用补充兵的名义，同过辰州。那天我自己还正好泡在河水里，试验我从那老战兵学来的沉入水底以后的耐久力，与仰卧水面的上浮力。这天正是旧历七月十五中元节，我记得分明，到河边还为的是拿了些纸钱同水酒白肉奠祭河鬼。照习俗，这一天谁也不敢落水，河中清静异常。纸钱烧过后，我却把酒倒到水中去，把一块半斤重熟肉吃尽，脱了衣裤，独自一人在清清的河水中拍浮了约两点钟左右。

七月十六那天早上，我就背了小小包袱，离开了本县学校，开始混进一个更广泛的学校了。

○ ○ ○ 辰州 [1]

离开了家中的亲人，向什么地方去，到那地方去又做些什么，将来有些什么希望，我一点儿也不知道。我还只是十四岁稍多点儿一个孩子，这份年龄似乎还不许可我注意到与家人分离的痛苦，我又那么欢喜看一切新奇东西，听一切新奇声响，且那么渴慕自由，所以初初离开本乡家中人时，深觉得无量快乐。

可是一上路，却有点儿忧愁了。同时上路的约三百人，我没有一个熟人。我身体既那么小，背上的包袱却似乎比本身还大。到处是陌生面孔，我不知道日里同谁吃饭，且不知道晚上同谁睡觉。听说当天得走六十里路，才可到有大河通船舶的地方，再坐船向下行。这么一段长路照我过去经验说来，还不知道是不是走得到。家中人担心我会受寒，在包袱中放了过多的衣服，想不到我还没享受这些衣服的好处以前，先就被这些衣服累坏了。

尤其使我害怕的，便是那些坐在轿子里的几个女孩子，和骑在白马上的几个长官。这些人我全认得他们，这时他们已仿佛不再认识我。由于身份的自觉，当无意中他们轿马同我走近时，我实在又害怕又羞怯。为了逃避这些人的注意，我就同几个差弁模样的年轻人，跟在一伙脚夫后面走去。后来一个脚夫看我背上包袱太大了，人可又太小了一点儿，便许可我把包袱搭到他较轻的一头去。我同时又与一个中年差遣谈了话，原来这人是我叔叔一

---

[1] 即沅陵。

个同学。既有了熟人，又双手洒脱地走空路，毫不疲倦地，黄昏以前我们便到了一个名叫高村的大江边了。

一排篷船泊定在水边，大约有二十余只，其中一只较大的还悬了一面红绸帅字旗。各个船头上全是兵士，各人都在寻觅着指定的船。那差遣已同我离开了，我便一个人背了那个大包袱，怯怯地站到岸上，随后向一只船旁冲去，轻轻地问："有地方吗？大爷。"那些人总说："满了，你自己看，全满了！你是第几队的？"我自己就不知道自己应分在第几队，也不知道去问谁。有些没有兵士的船看来仿佛较空的，他们要我过去问问，又总因为船头上站得有穿长衣的秘书参谋，他们的神气我实在害怕，不敢冒险过去问问。

天气看看渐渐地夜了下来，有些人已经在船头烧火煮饭，有些人已蹲着吃饭，我却坐在岸边一块大石上发呆发愁，想不出什么解除困难的办法。那时阔阔的江面，已布满了薄雾，有野鹜鹜鹈之类接翅在水面向对河飞去，天边剩余一抹深紫。见到这些新奇光景，小小心中升起一分无言的哀戚。自己便不自然地微笑着，揉着为长途折磨坏了的两只脚。我明白，生命开始进入一个崭新世界。

一会儿又看见那个差遣，差遣也看到我了。

"啊，你这个人，怎么不上船呀？"

"船上全满了，没有地方可上去。"

"船上全满了，你说！你那么拳头大的小孩子，放大方点儿，什么地方不可以觅进去。来，来，我的小老弟，这里有的是空地方！"

我见了熟人高兴极了。听他一说，我就跟了他到那只船上去，原来这还是一只空船！不过这船舱里舱板也没有，上面铺的只是一些稀稀的竹格子，船摇动时就听到舱底积水汤汤地流动，到夜里怎么睡觉？正想同那差遣说我们再去找找看，是不是别的地方当真还可照他用的那个粗俚字言龛进去，一群留在后边一点儿本军担荷篷帐的夫子赶来了。我们担心一走开，回头再找寻这样一个船舱也不容易，因此就同这些夫子挤得紧紧的住下来。到吃饭时，有人各船上来喊叫。因为取饭，我却碰到了一个军械处的熟人，我于是换了一个船，到军械船上住下。吃过饭，一会儿便异常舒服地睡熟了。

船上所见无一事不使我觉得新奇。二十四只大船有时衔尾下滩，有时疏散散漂浮到那平潭里。两岸时时刻刻在一种变化中，把小小的村落，广大的竹林，黑色的悬崖，一一收入眼底。预备吃饭时，长潭中各把船只任意溜去，那分从容、那分愉快处，实在使我感动。摇橹时满江浮荡着歌声。我就看这些听这些，把家中人暂时完全忘掉了。四天以后，我们的船只编成一长排，停泊在辰州城下中南门的河岸专用码头边。

又过了两天，我们已驻扎在总爷巷一个旧参将衙门里，一份新的日子便开始了。

墙壁各处是膏药，地下各处是瓦片同乱草，草中留下成堆黑色的干粪便，这就是我第一次进衙门的印象。于是轮到了我们来着手扫除了。做这件事的共计二十人，我便是其中一个。大家各在一种异常快乐的情形下，手脚并用整整工作了一个日子，居然全部弄清爽了。庶务处又送来了草荐同木板，因此在地面垫上了砖头，把木板子铺上去，摊开了新草荐，一百个人便一同躺到这两列草荐上，十分高兴把第一个夜晚打发走了。

到地后，各人应当有各人的事。做补充兵的，只需要大清早起来操跑步。操完跑步就单人教练，把手肘向后抱着，独自在一块地面上，把两只脚依口令起落，学慢步走。下午无事可做，便躺在草荐上唱《大将南征》的军歌。每个人皆结实单纯，年纪大的约二十二岁，年纪小的只十三岁，睡硬板子的床，吃粗粝陈久的米饭，却在一种沉默中活下来。我从本城技术班学来的那份军事知识很有好处，使我为日不多就做了班长。

直到现在我还不明白为什么当时有些兵士不能随便外出，有些人又可自由出入。照我想来，大概是城里人可以外出，乡下人可以外出却不敢外出。

我记得我的出门是不受任何限制的，但每早上操过跑步时，总得听苗人吴姓连长演说："我们军人，原是卫国保民。初到这来客军极多，一切要顾脸面。外出时节制服应当整齐，扣子扣齐，腰带弄紧，裹腿缠好。胡来乱为的，要打屁股。"说到这里时，于是复大声说："听到了么？"大家便说："听到了。"既然答应全已听到，叫一声"解散"，就散开了。当时因犯事被按在石地上打板子的，就只有营中伙夫。兵士却因为从小地方开来，十分怕事，谁也不敢犯罪，不作兴挨打。

我很满意那个街上，一上街触目都十分新奇。我最欢喜的是河街，那里使人惊心动魄的是有无数小铺子，卖船缆，硬木琢成的活车，小鱼篓，小刀，火镰，烟嘴，满地都是有趣味的物件。我每次总去蹲到那里看一个半天，同个绅士守在古董旁边一样恋恋不舍。

城门洞里有一个卖汤圆的，常常有兵士坐在那卖汤圆人的长凳上，把热热的汤圆向嘴上送去。间或有一个本营官佐过身，得照规矩行礼时，便一面赶忙放下那个土花碗，把手举起，站起身来含含糊糊地喊"敬礼"。那军官见到这种情形，有时也总忍不住微笑。这件事碰到最多的还是我，我每天总得在那里吃一回汤圆，或坐下来看各种各样过往行路人！

我又常常同那团长看马的张姓马夫，牵马到朝阳门外大坪里去放马，把长长的缰绳另一端那个檀木钉，钉固在草坪上，尽马各处走去，我们就躺到草地上晒太阳，说说各人所见过的大蛇大鱼。又或走近教会中学的城边去，爬上城墙，看看那些中学生打球。又或过有树林处去，各自选定一株光皮梧桐，用草揉软做成一个圈套，挂在脚上，各人爬到高处桠枝上坐坐，故意把树摇荡一阵。

营里有三个小号兵同我十分熟悉，每天他们必到城墙上去吹号，还过城外河坝去吹号，我便跟他们去玩。有时我们还爬到各处墙头上去吹号，我不会吹号却能打鼓。

我们的功课固定不变的，就只是每天早上的跑步。跑步的用处是在追人还是在逃亡，谁也不很分明。照例起床号吹过不久就吹点名号，一点完名跟着下操坪，到操场里就只是跑步。完事后，大家一窝蜂向厨房跑去，那时节豆芽菜一定已在大锅中沸了许久，大甑笼里的糙米饭也快好了。

我们每天吃的总是豆芽菜汤同糙米饭，每到星期那天，就吃一次肉，各人名下有一块肥猪肉，分量四两，是从豆芽汤中煮熟后再捞出的。

到后我们把枪领来了。一律是汉阳厂"小口紧"五响枪。

除了跑步无事可做，大家就只好在太阳下擦枪，用一根细绳子缚上一些涂油布条，从枪膛穿过，绳子两端各缚定在廊柱上，于是把枪一往一来地拖动。那时候的枪名有下列数种：单响、九子、五子。单响分广式、猪槽两种；五响分小口紧、双筒、单筒、拉筒、盖板五种。也有说"日本春田""德国盖板"的，但不通俗；兵士只知道这种名称，填写枪械表时，也照这样写上。

我们既编入支队司令的卫队，除了司令官有时出门拜客，选派二十、三十护卫外，无其他服务机会。某一次保护这生有连鬓胡子一字不识行伍出身的司令官过某处祝寿，我得过五毛钱的奖赏。

那时节辰州地方组织了一个湘西联合政府，全名为靖国联军第一军政府，驻扎了三个不同部队。军人首脑其一为军政长凤凰人田应诏，其一为民政长芷江人张学济，另外一个却是客军黔军旅长后来回黔做了省长的卢焘。与之对抗的是驻兵常德身充旅长的冯玉祥。这一边军队既不向下取攻势，那一边也不向上取攻势，各人就只保持原有地盘，等待其他机会。两方面主要经济收入都靠的是鸦片烟税。

单是湘西一隅，除客军一混成旅外，集中约十万人。我们部队是游击第一支队，属于靖国联军第二军，归张学济管辖。全辰州地方约五千户，各部分兵士大致就有两万。当时军队虽十分庞杂，各军联合组织得有宪兵稽察处，所以还不至于互相战争。不过当时发行钞票过多，每天兑现时必有二三小孩同妇人被践踏死去。每天给领军米，各地方部队为争夺先后，互相殴打伤人，在那时也极平常。

一次军事会议的结果，上游各县重新做了一度分配，划定若干防区，军队除必须一部分沿河驻扎防卫下游侵袭外，其余照指定各县城驻防清乡。由于特殊原因，第一支队派定了开过那总司令官的家乡芷江去清乡剿匪。

○ ○ ○ 清乡所见

据传说快要清乡去了，大家莫不喜形于色。开差前每人发了一块现洋钱，我便把钱换成铜元，买了三双草鞋，一条面巾，一把名为"黄鳝尾"的小尖刀，刀靶还缚了一片绸子，刀鞘还是朱红漆就的。我最快乐的就是有了这样一把刀子，似乎一有了刀子，可不愁什么了。我于是仿照那苗人连长的办法，把刀插到裹腿上去，得意扬扬地到城门边吃了一碗汤圆，说了一阵闲话，过两天便离开辰州了。

我们队伍名分上共约两团。先是坐小船上行，大约走了七天，到我第一次出门无法上船的地方，再从旱路又走三天，便到了沅州所属的东乡榆树湾。这一次我们既然是奉命来到这里清乡，因此沿路每每到达一个寨堡时，就享受那堡中有钱地主乡绅用蒸鹅肥腊肉款待。但在山中小路上，却受了当地人无数冷枪的袭击。有一次当我们从两个长满小竹的山谷狭径中通过时，啪的一声枪响，我们便倒下了一个。听到了枪声，见到了死人，再去搜索那些竹林时，却毫无什么结果。于是把枪械从死去的身上卸下，砍了两根大竹子缚好，把他抬着，一行人又上路了。二天路程中我们部队又死去了两个，但到后我们却杀了那地方人将近一千。怀化小镇上也杀了近七百人。

到地后我们便与清乡司令部一同驻扎在天后宫楼上。一到第二天，各处团总来见司令供办给养时，同时就用绳子缚来四十三个老实乡下人。当夜过了一次堂，每人照呈案的罪名询问了几句，各人按罪名轻重先来一顿板子、一顿夹棍。有二十七个在刑罚中画了供，用墨涂在手掌上取了手模。第二天，这二十七个乡下人就被簇拥到市外田坪里把头砍了。

第一次杀了将近三十个人，第二次又杀了五个。从此一来就成天捉人。把人从各处捉来，认罪时便写上了甘结，承认缴纳清乡子弹若干排或某种大枪一支，再行取保释放。无力缴纳捐款，或仇家乡绅方面业已花了些钱运动必须杀头的，就随随便便列上一款罪案，一到相当时日，牵出市外砍掉。认罪了的虽名为缴出枪械子弹，其实无枪无弹，照例作价折钱，枪每支折合一百八十元，子弹每排一元五角，多数是把现钱派人挑来。钱一送到，军需同副官点验数目不错后，当时就可取保放人。这是照习惯办事，看来像十分近情合理。

关于杀人的纪录日有所增，我们却不必出去捉人，照例一切人犯大多数由各乡区团总地主送来。我们有时也派人把乡绅团总捉来，罚他一笔钱又再放他回家。地方人民既异常蛮悍，民三左右时一个黄姓的辰沅道尹，在那里杀了约两千人，民六黔军司令王晓珊在那里又杀了三千左右，现时轮到我们的军队做这种事，前后不过杀一千人罢了！

那地方上行去沅州县城约九十里，下行去黔阳县城约六十里。一条河水上溯可至黔省的玉屏，下行经过湘西重要商埠的洪江，可到辰州。在辰河算是个中等水码头。

那地方照例五天一集，到了这一天，便有猪牛肉和其他东西可买。我们除了利用乡绅矛盾，变相吊肥羊弄钱，又用钱雇来本地侦探，常常到市集热闹人丛中去，指定了谁是土匪处派来的奸细，于是捉回营里去一加搜查，搜出了一些暗号，认定他是土匪方面派来的探事奸细时，即刻就牵出营门，到那些乡下人往来最多的桥头上，把头砍下来，在地面流一摊腥血。人杀过后，大家欣赏一会儿，或用脚踢踢那死尸两下，踹踹他的肚子，仿佛做完了一件正经工作，有别的事情的，便散开做别的事去了。

住在这地方共计四个月，有两件事在我记忆中永远不能忘去。其一是当场集时，常常可以看到两个乡下人因仇决斗，用同一分量、同一形色的刀互砍，直到一人躺下为止。我看过这种决斗两次，他们方法似乎比我那地方所有的决斗还公平。另外一件是个商会会长年纪极轻的女儿，得病死去埋葬后，当夜便被本街一个卖豆腐的年轻男子从坟墓里挖出，背到山洞中去睡了三天，方又送回坟墓去。到后来这事为人发觉时，这打豆腐的男子，便押解过我们衙门来，随即就地正法了。临刑稍前一时，他头脑还清清楚楚，毫不糊涂，也不嚷吃嚷喝，也不乱骂，只沉默地注意到自己一只受伤的脚踝。我问他："脚被谁打伤的？"他把头摇摇，仿佛记起一件极可笑的事情，微笑了一会儿，轻轻地说："那天落雨，我送她回去，我也差点儿滚到棺材里去了。"我又问他："为什么你做这件事？"他依然微笑，向我望了一眼，好像我是个小孩子，不会明白什么是爱的神气，不理会我。但过了一会儿，又自言自语地轻轻地说："美得很，美得很。"另一个兵士就说："疯子，要杀你了，你怕不怕？"他就说："这有什么可怕的。你怕死吗？"那兵士被反问后有点儿害羞，就大声恐吓他说："癫狗贪的，你不怕死吗？等一会儿就要杀你这癫子的头！"那男子于是又柔弱地笑笑，便不作声了。那微笑好像在说："不知道谁是癫子。"我记得这个微笑，十余年来在我印象中还异常明朗。

○ ○ ○ 怀化镇

四个月后我们移防到另一个地名怀化的小乡镇住下。这地方
给我的印象，影响我的一生感情极其深切。这地方的一切，在我
《沈从文甲集》里一篇题作《我的教育》的记载里，说得还算详
细。我到了这个地方，因为勉强可以写几个字，那时填造枪械表
正需要一些写字的人，有机会把生活改变了一个方式，因此在那
领饷清册上，我便成为上士司书了。

我在那地方约一年零四个月，大致眼看杀过七百人。一些人
在什么情形下被拷打，在什么状态下被把头砍下，我可以说全部
懂透了。又看到许多所谓人类做出的蠢事，简直无从说起。这一
分经验在我心上有了一个分量，使我活下来永远不能同城市中人
爱憎感觉一致了。从那里以及其他一些地方，我看了些平常人没
看过的蠢事，听了些平常人没听过的喊声，且嗅了些平常人没嗅
过的气味，使我对于城市中人在狭窄庸懦的生活里产生的做人善
恶观念，不能引起多少兴味，一到城市中来生活，弄得忧郁孤僻
不像个正常"人"的感情了。

我所到的地方原来不过只是百十户左右一个小市镇，唯一较
大的建筑是一所杨姓祠堂。于是我们一来便驻扎到这个祠堂中。

这里有一个官药铺，门前安置一口破锅子，有半锅黑色膏
药。锅旁贴着干枯了的蛇、壁虎、蜈蚣等等，表示货真价实。常
常有那么一个穿青洋板绫马褂、二马裙蓝青布衫子，戴红珊瑚球
小帽子，人瘦瘦的，留下一小撮仁丹胡子的人站在大门前边，一

见到我们过路时，必机械地把两手摊开，腰背微微弯下，和气亲人地向我们打招呼："副爷，副爷，请里边坐，膏药奉送，五毒八宝膏药奉送。"

因为照例做兵士的总有许多理由得在身体不拘某一部分贴上一张膏药，并且各样病症似乎也都可由膏药治好，所以药铺主人表示欢迎驻军起见，管事的常常那么欢迎我们，并且膏药锅边总还插上一个小小纸招，写着"欢迎清乡部队，新摊五毒八宝膏药，奉送不取分文"。既然有了这种优待，兵士伙夫到那里去贴膏药的自然也不乏其人。我才明白为什么戏楼墙壁上膏药特别多的理由，原来有不要钱买的膏药，无怪乎大家竞贴膏药了。

祠堂对门有十来个大小铺子。那个豆腐作坊门前常是一汪黑水，黑水里又涌起些白色泡沫，常常有五六只肮脏大鸭子，把个嫩红的嘴巴插到泡沫里去，且十分快乐喋呷出一种声音来。

那个南货铺有冰糖红糖，有海带蜇皮，有陈旧的芙蓉酥同核桃酥，有大麻饼与小麻饼。铺子里放了无数放乌金光泽的大陶瓮，上面贴着剪金的福字寿字。有成束的干粉条，又有成束的咸面，全用皮纸包好，悬挂在半空中，露出一头让人见到。

那个烟馆门前常常坐了一个年纪四十来岁的妇人，扁扁的脸上擦了很厚一层粉，眉毛扯得细细的，故意把五槽子染绿的家机布裤子提得高高的，露出下面水红色洋袜子来。见兵士同伙夫过身时，就把脸掉向里面，看也不看，表示正派贞静。若过身的穿着长衣或是军官，她便很巧妙地做一个眼风，把嘴角略动，且故意娇声娇气喊叫屋中男子为她做点儿事情。我同兵士走过身时，只见她的背影；同营副走过时，就看到她的正面了。这点富于人性的姿态，我当时就很能欣赏。注意到这些时，始终没有丑恶的感觉，只觉得这是"人"的事情。我一生活下来，太熟悉这些"人"的事情了。

我们部队到那地方，司令官军法官除了杀人似乎无别的事可做。我们兵士除了看杀人，似乎也是没有什么可做的。

由于过分寂寞，杀人虽不是一种雅观的游戏，本部队文职幕僚赶到行刑地去鉴赏这种事情的实在很不乏人。有几个副官同一个上校参谋，我每次到场时，他们也就总站在那桥栏上看热闹。

到杀人时，那个学问超人的军法长，常常也马马虎虎地宣布了一下罪状，在预先写好的斩条上，勒一笔朱红，一见人犯被兵士簇拥着出了大门，便匆匆忙忙提了长衫衣角，拿起光亮白铜水烟袋，从后门菜园跑去，赶先走捷径到离桥头不远一个较高点儿的土墩上，看人犯到桥头大路上跪下时砍那么一刀。

若这一天正杀了人，那被杀的在死前死后又有一种出众处，或招供时十分快爽，或临刑时颜色不变，或痴痴呆呆不知事故，或死后还不倒地，于是副官处、卫队营、军需处、参谋军法秘书处，总有许久时间谈到这个被杀的人有趣味地方，或又辗转说到关于其他时节种种杀戮故事。杀人那天如正值场期，场中有人卖猪肉牛肉，刽子手照例便提了那把血淋淋的大刀，后面跟着两个伙夫，抬一只竹箩，每到一个屠桌前可割三两斤肉。到后把这一箩筐猪肉牛肉各处平分，大家便把肉放到火炉上去炖好，烧酒无限制地喝着。等到各人都有点儿酒意时，就常常偏偏倒倒地站起来，那么随随便便地扬起筷子，向另一个正蹲着吃喝的同事后颈上一砍，于是许多人就扭成一团，大笑大闹一阵。醉得厉害一些的，倒到地下谁也不管，只苦了那些小副兵，必得同一只狗一样守着他的主人，到主人醒来时方能睡去。

地方逢一六赶场，到时副官处就派人去摆赌抽头，得钱时，上自参谋、军法、副官等处，下至传达伙夫，人人有份。

大家有时也谈谈学问。几个高级将校，各样学识皆像有知识的军人。有些做过一两任知事，有些还能作作诗，有些又到日本留过学。但大家都似乎因为所在地方不是说学问的地方，加之那姓杨的司令官又不识字，所以每天大家就只好陪司令官打打牌，或说点儿故事，烧烧鸦片烟，喝一杯烧酒。他们想吃狗肉时，就称赞我上一次做的狗肉如何可口，且总以为再来那么一次试试倒不坏。我便自告奋勇，拿了钱即刻上街。几个上级官佐自然都是有钱的，每一次罚款，他们皆照例有一份，摆赌又有一份，他们的钱得来就全无用处。不说别人，单是我一点点钱，也就常常不知道怎么去花！因此有时只要听到他们赞美我烹调的手腕后，我还常常不告给他们，就自己跑出去把狗肉买得，一个人拿过祠堂后边修械处打铁炉上去，把那一腿狗肉皮肤烧烧，再同一个小副兵到溪边水里去刮尽皮上的焦处，砍成小块，用钵头装好，上街去购买各样作料，又回到修械处把有铁丝贯耳的瓦钵，悬系在打铁炉上面，自己努力去拉动风箱，直到把狗肉炖得稀烂。晚饭摆上桌子时，我方要小副兵把我的创作搬来，使每个人的脸上皆写上一个惊讶的微笑，各个人的脸嘴皆为这一钵肥狗肉改了样子。于是我得意极了，便异常快乐地说："来，来，试一试，今天的怎么样！"我那么忙着，赤着双脚跑上街去，又到冰冷的溪水里洗刮，又守在风箱边老半天，究竟为的是什么？就为的是临吃饭时惊讶他们那么一下。这些文武幕僚也可真算得是懂幽默，常常从楼上眼看着我手上提了狗肉，知道我正忙着这件事，却装作不知道，对于我应办的公文，那秘书官便自己来动手。见我向他们微笑，他们总故意那么说："天气这样坏，若有点儿狗肉大家来喝一杯，可真不错！"说了他们又互相装成抱歉的口吻说："上一次真对不起小师爷，请我们的客忙了他一天。"他们说到这里时就对我望着，仿佛从我微笑时方引起一点儿疑心，方带着疑问似的说："怎么，怎么，小师爷，你难道又要请客了么？这次可莫来了，再来我们就不好意思了！"我笑笑，跑开了。他们明白这件事，他们也没有什么不好意思。我虽然听得出他们的口吻，懂得他们的做作，但我还是欢喜那么做东请客。

就因为这点性格，名义上我做的是司书，实际上每五天一场，我总得做一回厨子。大约当时我炖狗肉的本领较之写字的本领实在也高一着，我的生活兴味，对于做厨子办菜，又似乎比写点儿公函呈文之类更相近。

我间或同这些高等人物走出村口，往山脚下乡绅家里去吃蒸鹅喝家酿烧酒，间或又同修械处小工人上山采药摘花，找寻山果。我们各人会用篠竹做短箫，在一支青竹上钻四个圆圆的眼儿，另一端安置一个扁扁的竹膜哨子，就可吹出新婚嫁女的唢呐声音。胡笳曲中的《娘送女》《山坡羊》等等，我们无一不可以合拍吹出。我们最得意处也就是四五个人各人口中含了那么一个东西向街上并排走去，呜呜喇喇的声音引起许多人注意，且就此吹进营门。住在戏楼上人，先不知道是谁做的事，各人都争着把一个大头从戏楼窗口伸出，到后明白只是我们的玩意儿时，一面大骂我们一面也就笑了许久。大致因为大家太无事可做，所以他们不久也来跟我们学习吹这个东西。有一姓杨的参谋，便常常拿了这种绿竹小管，依傍在楼梯边吹它，一吹便是半天。

我们又常常在晚上拿了火炬镰刀到小溪里去砍鱼，用鸡笼到田中去罩鱼。且上山装套设阱，捕捉野狸同黄鼠狼。把黄鼠狼皮整个剥来，用米糠填满它的空处，晒干后用它装零件东西。

我有一次无意中还在背街发现了一个熔铁工厂，耸立个高过一丈的泥炉在大罩棚下喘气冒烟。

当我发现了那个制铁处以后，就常常一个人跑到那里去看他们工作。因此明白那个地方制铁分四项手续，第一收买从别处担来的黄褐色原铁矿，七个小钱一斤，按分量算账。其次把买来的铁矿每一层矿石夹一层炭，再在上面压一大堆矿块，从下面升火让它慢慢地燃。第三等到六七天后矿已烘酥冷却，再把它同木炭放到黄泥做成可以倾侧的炉子里面去。一个人把炉旁风箱拉动，送空气进炉腹，等到铁汁已熔化时，就把炉下一个泥塞子敲去，把黑色矿石渣先扒出来，再把炉倾侧，放光的白色熔液，泻出到划成方形的沙地上。再过一会儿白汁一凝结，便成生铁板了。末了再把这些铁板敲碎放到煤火的炉上去烧红，用锤打成方条，便成为运出本地到各地去的熟铁了。我一到这里来就替他们拉风箱，风箱拉动时做出一种动人的吼声，高巍巍的炉口便喷起一股碧焰，使人耳目十分愉快。用一阵气力在这圆桶形风箱上面，不到一刻就可看到白色放光闪着火花的铁汁从缺口流出，这工作也很有意义的。若拉了一阵风箱，亲眼看过倾泻一次铁汁，我回去时便极高兴地过修械处告给那几个小工人，又看他们拉风箱打铁。我常到修械处，我欢喜那几个小工人，我欢喜他们勇敢而又快乐地工作。我最高兴的是看他们那个麻子主任，高高地坐在一堆铁条上面，一面唱《孟姜女哭长城》，一面调度指挥三个小孩子的工作。他们或者裸着瘦瘦的膊子，舞动他们的铁锤，或用鱼头钻在铁盘上钻眼，或把敷了酱的三角形新钢镳，烧红时放到盐水里一淬，或者什么事也不做，只是蹲成一团，围到一大钵狗肉，各人用小土碗喝酒，向那麻子"师傅长师傅短"地随意乱说乱笑。说到"做男子的不勇敢可不像男子"时，那师傅若多喝了一杯，时间虽到了十一月，为了来一个证明，总说："谁愿意做大丈夫的就同我下溪里泅一阵水！"

到后必是师徒四人一齐从后门出去，到溪水里去乱浇一阵水，闹一阵，光着个上身跑回来，大家哈哈笑个半天。有一次还多了一个人，因为我恰恰同他们喝酒，我也就做了一次"大丈夫"。

在部中可看到的还很多，间或有什么伙夫犯了事，值日副官就叫他到大堂廊下，臭骂一顿，喊："护兵，打这狗杂种一百！"于是那伙夫知道是要打他了，便自动卸了裤子，趴在冷硬的石阶上，露出一个黑色的大脏臀，让板子啪啪地打，把数目打足，站起来提着裤头荷荷地哭着走了。

白日里出到街市尽头处去玩时，常常还可以看见一幅动人的图画：前面几个兵士，中间一个十二三岁的小孩子，挑了两个人头，这人头便常常是这小孩子的父亲或叔伯。后面又是几个兵，或押解一两个双手反缚的人，或押解一担衣箱、一匹耕牛。这一行人众自然是应当到我们总部去的，一见到时我们便跟了去。

晚上过堂时，常常看到他们用木棒打犯人脚下的螺丝骨，这刑罚是垫在一块方铁上执行的，二十下左右就可把一只脚的骨髓敲出。又用香火熏鼻子，用香火烧胸胁。又用铁棍上"地绷"，啵的一声把脚扳断，第二天上午就拖了这人出去砍掉。拷打这种无辜乡民时，我照例得坐在一旁录供，把那些乡下人在受刑不过情形中胡胡乱乱招出的口供，记录在一角公文纸上。末后兵士便把那乡下人手掌涂了墨，在公文末尾空白处按个手印。这些东西末了还得归我整理，再交给军法官存案。

○ ○ ○ 姓文的秘书

当我已升作司书常常伏在戏楼上窗口边练字时，从别处地方忽然来了一个趣人，做司令部的秘书官。这人当时只能说他很有趣，现在想起他那个风格，也做过我全生活一颗钉子、一个齿轮，对于他有可感谢处了。

这秘书先生小小的个儿，白脸白手，一来到就穿了青缎马褂各处拜会。这真是稀奇事情。部中上下照例全不大讲究礼节，吃饭时各人总得把一只脚踩到板凳上去，一面把菜饭塞满一嘴，一面还得含含糊糊骂些野话。不拘说到什么人，总得说："那杂种，真是……"

这种辱骂并且常常是一种亲切的表示，言语之间有了这类语助辞，大家谈论就仿佛亲爱了许多。小一点儿且常喊小鬼、小屁眼客，大一点儿就喊吃红薯吃糟的人物，被喊的也从无人作兴生气。如果见面只是规规矩矩寒暄，大家倒以为是从京里学来的派头，有点儿"不堪承教"了。可是那姓文的秘书到了部里以后，对任何人都客客气气的，即或叫副兵，也轻言细语，同时当着大家放口说野话时，他就只微微笑着。等到我们熟了点儿，单是我们几个秘书处的同事在一处时，他见我说话，凡属自称必是"老子"，他把头摇着："啊呀呀，小师爷，你人还那么一点点大，一说话也老子长老子短！"

我说："老子不管，这是老子的自由。"可是我看看他那和气的样子，我有点儿害羞起来了，便解释我的意见："这是说来玩的，不损害谁。"

那秘书官说："莫玩这个，你聪明，你应当学好的。世界上有多少好事情可学！"

我把头偏着说："那你给老子说说，老子再看看什么样好就学什么吧。"

因为我一面说话一面看他，所以凡是说到"老子"时总不得不轻声一点儿，两人谈到后来，不知不觉就成为要好的朋友了。

我们的谈话也可以说是正在那里互相交换一种知识，我从他口中虽得到了不少知识，他从我口中所得的也许还更多一点儿。

我为他做狼嗥，做老虎吼，且告诉他野猪脚迹同山羊脚迹的分别。我可从他那里知道火车叫的声音，轮船叫的声音，以及电灯电话的样子。我告他的是一个被杀的头如何沉重，那些开膛取胆的手续应当如何把刀在腹部斜勒，如何从背后踢那么一脚。他却告我美国兵、英国兵穿的衣服，且告我鱼雷艇是什么，轻气球是什么。他对于我所知道的种种觉得十分新奇，我也觉得他所明白的真真古怪。

这种交换谈话各人真可说各有所得，因此在短短的时间中，我们便建立了一种最可纪念的友谊。他来到了怀化后，头几天因为天气不大好，不曾清理他的东西。三天后出了太阳，他把那行李箱打开时，我看到他有两本厚厚的书，字那么细小，书却那么厚实，我竟吓了一跳。他见我为那两本书发呆，他就说："小师爷，这是宝贝，天下什么都写在上面，你想知道的各样问题，全部写得有条有理，清楚明白。"

这样说来更使我敬畏了。我用手摸摸那书面，恰恰看到书脊上两个金字，我说："辞源，辞源。"

"正是《辞源》。你且问我不拘一样什么古怪的东西，我立刻替你找出。"

我想了想，一眼望到戏楼下诸葛亮三气周瑜的浮雕木刻，我就说："诸葛孔明卧龙先生怎么样？"他即刻低下头去，前面翻翻后面翻翻，一会儿就被他翻出来了。到后又另处翻了一件别的东西。我快乐极了。他看我自己动手乱翻乱看，恐怕我弄脏了他的书，就要我下楼去洗手再来看。我相信了他的话，洗过了手还乱翻了许久。

因为他见我对于他这一部宝书爱不释手，就问我看过报没有。我说："老子从不看报，老子不想看什么报。"他却从他那《辞源》上翻出关于"老子"一条来，我方知道老子就是太上老君，太上老君竟是真有的人物。我不再称自己作太上老君，我们却来讨论报纸了。于是同另一个老书记约好，三人各出四毛钱，订一份《申报》来看。报钱买成邮花寄往上海后，报还不曾寄来，我就仿佛看了报，且相信他的话，报纸是了不得的东西，我且俨然就从报纸上学会许多事情了。这报纸一共订了两个月，我似乎从那上面认识了好些生字。

这秘书虽把我当个朋友看待，可是我每天想翻翻他那部宝书可不成。他把书好好放在箱子里，他对这书显然也不轻视的。既不能成天翻那宝书，我还是只能看看《秋水轩尺牍》，或从副官长处一本一本地把《西游记》借来看看。办完公事不即离开白木桌边时，从窗口望去正对着戏台，我就用公文纸头描画戏台前面的浮雕。我的一部分时间，跟这人谈话，听他说下江各样东西，大部分时间还是到外边无限制地玩。但我梦里却常常偷翻他那宝书，事实上也间或有机会翻翻那宝书。氢气是什么，《淮南子》

是什么，参议院是什么，就多半从那部书上知道的。

驻扎到这里来名为清乡，实际上便是就食。从湘西方面军队看来，过沅州清乡，比其他防地占了不少优势，当时靖国联军第二军实力尚厚，故我们部队能够得到这片地面。为时不久，靖国联军一军队伍节制权由田应诏转给了他的团长陈渠珍后，一、二军的实力有了消长。二军杂色军队过多，无力团结，一军力图自强，日有振作。做民政长兼二军司令的张学济，在财政与军事两方面，支配处置皆发生了困难。第一支队清乡除杀人外既毫无其他成绩，军誉又极坏，因此防地发生了动摇。当一军陈部从麻阳开过，本部感受压迫时，既无法抵抗，我们便在一种极其匆忙中退向下游。于是仍然是开拔，用棕衣包裹双脚，在雪地里跋涉，又是小小的船浮满了一河。五天后我又到辰州了。

军队防区既有了变化，杂牌军队有退出湘西的模样，二军全部皆用"援川"名义，开过川东去就食。我年龄由他们看来，似乎还太小了点儿，就命令我同一个老年副官长，一个跛脚副官，一个吃大烟的书记官，连同二十名老弱兵士，留在后方留守部，办点儿后勤杂事。

军队开走后，我除了每三天誊写一份报告，以及在月底造一留守处领饷清册呈报外，别的便无事可做。街市自从二军开拔后，似乎也清静多了。我每天仍然常常到那卖汤圆处去坐坐，间或又到一军学兵营看学兵下操。或听副官长吩咐，与一个兵士为他过城外水塘边去钓蛤蟆，把那小生物弄回部里，加上香料，剥皮熏干，给他下酒。

○ ○ ○ 女难

我欢喜辰州那个河滩，不管水落水涨，每天总有个时节在那河滩上散步。那地方上水船下水船虽那么多，由一个内行眼中看来，就不会有两只相同的船。我尤其欢喜那些从辰溪一带载运货物下来的高腹昂头"广舶子"，一来总斜斜地孤独地搁在河滩黄泥里，小水手从那上面搬取南瓜、茄子、成束的生麻、黑色放光的圆瓮。那船在暗褐色的尾梢上，常常晾得有朱红裤褂，背景是黄色或浅碧色一派清波，一切皆那么和谐，那么愁人。

美丽总是愁人的，我或者很快乐，却用的是发愁字样。但事实上每每见到这种光景，我总默默地注视许久。我要人同我说一句话，我要一个最熟的人，来同我讨论这些光景。可是这一次来到这地方，部队既完全开拔了，事情也无可做的，玩时也不能如前一次那么高兴了。虽仍然常常到城门边去吃汤圆，同那老人谈谈天，看看街，可是能在一堆玩，一处过日子，一块儿说话的已无一个人。

我感觉到我是寂寞的。记得大白天太阳很好时，我就常常爬到墙头上去看驻扎在考棚的卫队上操。有时又跑到井边去，看人家轮流接水，看人家洗衣，看做豆芽菜的如何浇水进高桶里去。我坐在那井栏一看就是半天。有时来了一个挑水的老妇人，就帮着这妇人做做事，把桶递过去，把瓢递过去。我有时又到那靠近学校的城墙上去，看那些教会中学学生玩球，或互相用小小绿色柚子抛掷，或在那坪里追赶扭打。我就独自坐在城墙上看热闹，间或他们无意中把球踢上城时，学生们懒得上城捡取，总装成怪和气的样子："小副爷，小副爷，帮个忙，把我们皮球抛下来。"

我便赶快把球拾起，且仿照他们把脚尖那么一踢，于是那皮球便高高地向空中蹿去，且很快地落到那些年轻学生身边了。那些人把赞许与感谢安置在一个微笑里，有的还轻轻地呀了一声，看我一眼，即刻又竞争皮球去了。我便微笑着，照旧坐下来看别人的游戏，心中充满了不可名言的快乐。我虽做了司书，因为穿的还是灰布袄子，故走到什么地方去，别人总是称呼我作"小副爷"。我就在这些情形中，以为人家全不知道我身份，感到一点儿秘密的快乐。且在这些情形中，仿佛同别个世界里的人也接近了一点儿。我需要的就是这种接近。事实上却是十分孤独的。

可是不到一会儿，那学校响了上堂铃，大家一窝蜂散了，只剩下一个圆圆的皮球在草坪角隅。墙边不知名的繁花正在谢落，天空静静的。我望到日头下自己的扁扁影子，有说不出的无聊。我得离开这个地方，得沿了城墙走去。有时在城墙上见一群穿了花衣的女人从对面走来，小一点儿的女孩子远远地一看到我，就"三姐二姐"地乱喊，且说"有兵有兵"，意思便想回头走去。我那时总十分害羞，赶忙把脸向雉堞缺口向外望去，好让这些人从我身后走过，心里却又对于身上的灰布军衣有点儿抱歉。我以为我是读书人，不应当被别人厌恶。可是我有什么方法使不认识我的人也给我一分尊敬？我想起那两册厚厚的《辞源》，想起三个人共同订的那一份《申报》，还想起《秋水轩尺牍》。

就在这一类隐隐约约的刺激下，我有时回到部中，坐在用公文纸裱糊的桌面上，发愤去写小楷字，一写便是半天。

时间过去了，春天夏天过去了，且重新又过年了。川东鄂西的消息来得够坏。只听说我们军队在川边已同当地神兵接了火，接着就说得退回湖南。第三次消息来时，却说我们军队全部覆灭了。一个早上，闪不知被神兵和民兵一道扑营，营长、团长、旅长、军法长、秘书长、参谋长完全被杀了。这件事最初不能完全相信，做留守的老副官长就亲自跑过二军留守部去问信，到时那边正接到一封详细电报，把我们总司令部如何被人袭击，如何占领，如何残杀的事，一一说明。拍发电报的就正是我的上司。他幸运先带一团人过湘境龙山布防，因此方不遇难。

好，这一下可好！熟人全杀尽了，兵队全打散了，这留守处还有什么用处？自从得到了详细报告后，五天之中，我们便领了遣散费，各人带了护照，各自回家。

回到家中约在八月左右。一到十二月，我又离开家中过沅州。家中实在待不住，军队中不成，·还得另想生路，沅州地方应当有机会。那时正值大雪，既出了几次门，有了出门的经验，把生棕衣毛松松地包裹到两只脚，背了个小小包袱，跟着我一个亲戚的轿后走去，脚倒全不怕冻。雪实在大了点儿，山路又窄，有时跌倒了雪坑里去，便大声呼喊，必得那脚夫把扁担来援引方能出险。可是天保佑，跌了许多次数我却不曾受伤。走了四天到地以后，我暂住在一个卸任县长舅父家中。不久舅父做了警察所长，我就做了那小小警察所的办事员。办事处在旧县衙门，我的职务只是每天抄写违警处罚的条子。隔壁是个典狱署，每夜皆可听到监狱里犯人受狱中老犯拷掠的呼喊。警察署也常常捉来些偷鸡摸狗的小窃，一时不即发落，便寄存到牢狱里去。因此每天黄昏将近，牢狱里应当收封点名时，照例我也得同一个巡官，拿一本点名册，跟着进牢狱里去，点我们这边寄押人犯的名。点完名后，看着他们那方面的人把重要犯人一一加上手铐，必须套枷的还戴好方枷，必须固定的还把他们系在横梁铁环上，几个人方走出牢狱。

警察署不久从地方财产保管处接收了本地的屠宰税，我这办事员因此每天又多了一份职务。每只猪抽收六百四十文的税捐，牛收两千文，我便每天填写税单。另外派了人去查验。恐怕那查验的舞弊不实，我自己也得常常出来到全城每个屠案桌边看看。这份职务有趣味处倒不是查出多少漏税的行为，却是我可以因此见识许多事情。我每天得把全城跑到，还得过一个长约一里在湘西说来十分著名的长桥，往对河黄家街去看看。各个店铺里的人都认识我，同时我也认识他们。成衣铺，银匠铺，南纸店，丝烟店，不拘走到什么地方，便有人向我打招呼，我随处也照例谈谈玩玩。这些商店主人照例就是本地小绅士，常常同我舅父喝酒，也知道许多事情皆得警察所帮忙，因此款待我很不坏。

另外还有个亲戚，我的姨父，在本地算是一个大拇指人物，有钱，有势，从知事起任何人物任何军队都对他十分尊敬，从不敢稍稍得罪他。这个亲戚对于我的能力也异常称赞。

那时我的薪水每月只有十二千文，一切事倒做得有条不紊。

大约正因为舅父同另外那个亲戚每天作诗的原因，我虽不会作诗，却学会了看诗。我成天看他们作诗，替他们抄诗，工作得很有兴致。因为盼望所抄的诗被人嘉奖，我十分认真地来写小楷字。因为空暇的时间仍然很多，恰恰那亲戚家中有两大箱商务印行的《说部丛书》，这些书便轮流做了我最好的朋友。我记得狄更斯的《冰雪姻缘》《滑稽外史》《贼史》这三部书，反复约占去了我两个月的时间。我欢喜这种书，因为他告给我的正是我所要明白的。他不像别的书尽说道理，他只记下一些生活现象。即或书中包含的还是一种很陈腐的道理，但作者却有本领把道理包含在现象中。我就是个不想明白道理却永远为现象所倾心的人。我看一切，却并不把那个社会价值挽加进去，估定我的爱憎。我不愿问价钱多少来为百物做一个好坏批评，却愿意考查它在我官觉上使我愉快不愉快的分量。我永远不厌倦的是"看"一切。宇宙万汇在动作中，在静止中，在我印象里，我都能抓定它的最美丽与最调和的风度，但我的爱好显然却不能同一般目的相合。我不明白一切同人类生活相联结时的美恶，换句话说，就是我不大能领会伦理的美。接近人生时，我永远是个艺术家的感情，却绝不是所谓道德君子的感情。可是，由于社会人与人的关系产生的各种无固定性的流动的美，德性的愉快，责任的愉快，在当时从别人看来，我也是毫无瑕疵的。我玩得厉害，职分上的事仍然做得极好。

那时节我的母亲同姊妹，已把家中房屋售去，剩下约三千块钱。既把老屋售去，不大好意思在本城租人房子住下，且因为我事情做得很好，沅州的亲戚又多，便坐了轿子来到沅州，我们一同住下。本地人只知道我家中是旧家，且以为我们还能够把钱拿来存放钱铺里，我又那么懂事明理有作有为，那在当地有势力的亲戚太太，且恰恰是我母亲的妹妹，因此无人不同我十分要好，母亲也以为一家的转机快到了。

假若命运不给我一些折磨，允许我那么把岁月送走，我想象这时节我应当在那地方做了一个小绅士，我的太太一定是个略有财产商人的女儿，我一定做了两任知事，还一定做了四个以上孩子的父亲；而且必然还学会了吸鸦片烟。照情形看来，我的生活是应当在那么一个公式里发展的。这点估计不是现在的想象，当时那亲戚就说到了。因为照他意思看来，我最好便是做他的女婿，所以别的人请他向我母亲询问对于我的婚事意见时，他总说不妨慢一点儿。

不意事业刚好有些头绪，那做警察所长的舅父，却害肺病死掉了。

因他一死，本地捐税抽收保管改归一个新的团防局。我得到职务上"不疏忽"的考语，仍然把职务接续下去，改到了新的地方，做了新机关的收税员。改变以后情形稍稍不同的是，我得每天早上一面把票填好，一面还得在十点后各处去查查。不久在那团防局里我认识了十来个绅士，同时还认识一个白脸长身的小孩子。由于这小孩子同我十分要好，半年后便有一个脸儿白白的身材高的女孩印象，把我生活完全弄乱了。

我是个乡下人，我的月薪已从十二千增加到十六千，我已从那些本地乡绅方面学会了刻图章，写草字，做点儿半通不通的五律七律，我年龄也已经到了十七岁。在这样情形下，一个样子诚实聪明懂事的年轻人，和和气气邀我到他家中去看他的姐姐，请想想，我结果怎么样？

乡下人有什么办法，可以抵抗这命运所摊派的一份？

当那在本地翘人拇指的亲戚，隐隐约约明白了这件事情时，当一些乡绅知道了这件事情时，每个人都劝告我不要这么傻。有些本来看中了我，同我常常作诗的绅士，就向我那有势力的亲戚示意，愿意得到这样一个女婿。那亲戚于是把我叫去，当着我的母亲，把四个女孩子提出来问我看谁好就定谁。四个女孩子中就有我一个表妹。老实说来，我当时也还明白，四个女孩子生得皆很体面，比另外那一个强得多，全是在平时不敢希望得到的女孩子。可是上帝的意思与魔鬼的意思两者必居其一，我以为我爱了另外那个白脸女孩子，且相信那白脸男孩子的谎话，以为那白脸女孩子也正爱我。一份离奇的命运，行将把我从这种庸俗生活中攫去，再安置到此后各样变故里，因此我当时同我那亲戚说："那不成，我不做你的女婿，也不做店老板的女婿。我有计划，得照我自己的计划做去。"什么计划？真只有天知道。

我母亲什么也不说，似乎早知道我应分还该受很多折磨，家中人也免不了受许多磨难的样子，只是微笑。那亲戚便说："好，那我们看，一切有命，莫勉强。"

那时节正是三月。四月中起了战争，八百土匪把一个小城团团围住，在城外各处放火。四百左右驻军同一百左右园丁站在城墙上对抗。到夜来流弹满天交织，如无数紫色小鸟展翅，各处皆喊杀连天。三点钟内城外即烧去了七百栋房屋。小城被围困共计四天，外县援军赶到方解了围。这四天中城外的枪炮声我一点儿也不关心，那白脸孩子的谎话使我只知道有一件事情，就是我已经被一个女孩子十分关切，我行将成为他的亲戚。我为他姐姐无日无夜作旧诗，把诗作成他一来时便为我捎去。我以为我这些诗必成为不朽作品，他说过，他姐姐便最欢喜看我的诗。

我家中那点儿余款本来归我保管存放的。直到如今，我还不明白为什么那白脸孩子今天向我把钱借去，明天即刻还我，后天再借去，大后天又还给我。结果算去算来却有一千块钱左右的数目，任何方法也算不出用它到什么方面去了。这钱全然无着落了。但还有更坏的事。

到这时节一切全变了，他再不来为我把每天送她姐姐的情诗捎去了，那件事情不消说也到了结束时节了。

我有点儿明白，我这乡下人吃了亏。我为那一笔巨大数目十分着骇，每天不拘做什么事都无心情。每天想办法处置，却想不出比逃走更好的办法。

因此有一天，我就离开那一本账簿，同那两个白脸姊弟，几个一见我就问我"诗作得怎么样"的理想岳丈，四个眼睛漆黑身长苗条发辫极大的女孩印象，以及我那个可怜的母亲同姊妹走了。为这件事情我母亲哭了半年。这老年人不是不原谅我的荒唐，因我不可靠用去了这笔钱而流泪，却只为的是我这种乡下人的气质，到任何处总免不了吃亏，想来十分伤心。

○ ○ ○ 常德

　　我本预备到北京的，但去不成。我本想走得越远越好，正以为我必得走到一个使人忘却了我的种种过失、我的存在，也使自己忘却了自己种种痴处蠢处的地方，方能够再活下去。可是一到常德后，便有个人把我留下了。

　　到常德后，一时什么事也不能做，只住在每天连伙食共需三毛六分钱的小客栈里打发日子。因此最多的去处还依然同上年在辰州军队里一样，一条河街占去了我大部分生活。辰州河街不过一二里长，几家做船上人买卖的小茶馆，同几家与船上人做交易的杂货铺，常德的河街可不同多了。这是一条长约三里的河街，有客栈，有花纱行，有油行，有卖船上铁锚铁链的大铺子，有税局，有各种会馆与行庄。这河街既那么长又那么复杂，长年且因为被城中人担水把地面弄得透湿的。我每天来回走个一回两回，又在任何一处随意蹲下欣赏那些眼前发生的新事，以及照例存在的一切，日子很快地也就又夜下来了。

　　那河街既那么长，我最中意的是名为麻阳街的一段。那里一面是城墙，一面是临河而起的一排陋隘逼窄的小屋。有烟馆同面馆，有卖绳缆的铺子，有杂货字号。有屠户，有门前挂满了熏干狗肉的狗肉铺，有铸铁锚与琢硬木活车以及贩卖小船上应用器具的小铺子。又有小小理发馆，走路的人从街上过身时，总常常可见到一些大而圆的脑袋，带了三分呆气在那里让剃头师傅用刀刮头，或偏了头搁在一条大腿上，在那里向阳取耳。有几家专门供船上划船人开心的妓院，常常可以见到三五个大脚女人，身穿蓝色印花洋布衣服，红花洋布裤子，粉脸油头，鼻梁根扯得通红，坐在门前长凳上剥朝阳花子，见有人过路时就眯笑眯笑，且轻轻地用麻阳人腔调唱歌。这一条街上污浊不过，一年总是湿漉漉的不好走路，且一年四季总不免有种古怪气味。河中还泊满了住家的小船，以及从辰河上游洪江一带装运桐油牛皮的大船。上游某一帮船只拢岸时，这河街上各处都是水手。只看到这些水手手里提了干鱼，或扛了大南瓜到处走动，各人皆忙匆匆地把从上游本乡带来的礼物送给亲戚朋友。这街上又有些从河街小屋子里与河船上长大的小孩子，大白天三三五五捧了红冠大公鸡，身前身后跟了一只肥狗，街头街尾各处找寻别的公鸡打架。一见了什么人家的公鸡时，就把怀里的鸡远远抛去，各占据着那堆积在城墙脚下的木料堆上观战。自己公鸡战败时，就走拢去踢别的公鸡一脚出气。或者因点儿别的什么事，两人互骂了一句娘，看看谁也不能输那一口气，就在街中很勇敢地揪打起来，缠成一团揉到烂泥里去。

那街上卖糕的必敲竹梆，卖糖的必打小铜锣，这些人在引起别人注意方法上，皆知道在过街时口中唱出一种放荡的调子，同女人身体某一些部分相关，逗人发笑。街上又常常有妇女坐在门前矮凳上大哭乱骂，或者用一把菜刀，在一块木板上一面砍一面骂那把鸡偷去宰吃了的人。那街上且常常可以看到穿了青羽缎马褂、新浆洗过蓝布长衫的船老板，带了很多礼物来送熟人。街头中又常常有唱木头人戏的，当街靠城架了场面，在一种奇妙处置下"当当当当哪哪当"地响起锣鼓来，许多闲汉小孩便张大了嘴看那个傀偏戏，到收钱时却一哄而散。

那街上许多茶馆，一面临街，一面临河，旁边甬道下去就是河码头。从各小船上岸的人多从这甬道上下，因此来去的人也极多。船上到夜来各处全是灯，河中心有许多小船各处摇去，弄船人拖出长长的声音卖烧酒同猪蹄子粉条。我想象那个粉条一定不坏，很愿意有一个机会到那小船上去吃点儿什么喝点儿什么，但当然办不到。

我到这街上来来去去，看这些人如何生活，如何快乐又如何忧愁，我也就仿佛同样得到了一点儿生活意义。

我又间或跑向轮船码头去看那些从长沙、从汉口来的小轮船，在趸船一角怯怯地站住，看那些学生模样的青年和体面女人上下船，看那些人的样子，也看那些人的行李。间或发现了一个人的皮箱上贴了许多上海北京各地旅馆的标志，我总悄悄地走过去好好地研究它一番，估计这人究竟从哪儿来。内河小轮船刚一抵岸，在我这乡巴佬的眼下实在是一种奇观。

我间或又爬上城去，在那石头城上兜一个圈子，一面散步，一面且居高临下地欣赏那些傍了城墙脚边住家的院子里一切情形。在近北门一方面，地邻小河，每天照例有不少染坊工人，担了青布白布出城过空场上去晒晾，又有军队中人放马，又可看到埋人，又可看鸭子同白鹅。一个人既然无事可做，因此到城头看过了城外的一切，还觉得有点儿不足时，就出城到那些大场坪里去找染坊工人与马夫谈话，情形也就十分平常。我虽然已经好像一个读书人了，可是事实上一切精神却更近于一个兵士，到他们身边时，我们谈到的问题，实在就比我到一个学生身边时可谈的更多。就现在说来，我同任何一个下等人就似乎有很多方面的话可谈，他们那点儿感想，那点儿希望，也大多数同我一样，皆从实生活取证来的。可是若同一个大学教授谈话，他除了说说从书本上学来的那一套心得以外，就是说从报纸上得来的他那一份感想，对于一个人生命的构成，总似乎短少一点儿什么似的，可说的也就很少很少了。

我有时还跟随一队埋人的行列，走到葬地去，看他们下葬的手续与我那地方的习俗如何不同。

另外，那件使我离开原来环境逃亡的事，我当然没有忘记。我写了些充满忏悔与自责的书信回去，请求母亲的原恕。母亲知道我并不自杀，于是来信说："已经做过了的错事，没有不可原恕的道理。你自己好好地做事，我们就放心了。"接到这些信时，我便悄悄到城墙上去哭。因为我想象得出，这些信由母亲口说姐姐写到纸上时，两人的眼泪一定是挂在脸上的。

我那时也同时听到了一个消息，就是那白脸孩子的姐姐，下行读书，在船上却被土匪抢入山中做押寨夫人去了。得到这消息后，我便在那小客店的墙壁上写下两句唐人传奇小说上别人的诗，抒写自己的感慨："佳人已属沙吒利，义士今无古押衙。"义士虽无古押衙，其实过不久，这女孩就从土匪中花了一笔很可观的数目赎了出来，随即同一个驻防洪江的黔军团长结了婚。但团长不久又被枪毙，这女人便进到沅州本地的天主堂做洋尼姑去了。

我当然书也不读，字也不写，诗也无心再作了。

那时我所以留在常德不动，就因为上游九十里的桃源县，有一个清乡指挥部，属于我本地军队。这军队也就是当年的靖国联军第一军的一部分。那指挥官节制了三个支队，本人虽是个贵州人，所有高级官佐却大半是我的同乡。朋友介绍我到那边去，以为做事当然很容易。那时节何键正做骑兵团长，归省政府直辖，贺龙做支队司令，归清乡指挥统辖，部队全驻防桃源县。我得到了介绍信之后，就拿了去见贺龙，又去见别的熟人，向清乡指挥部谋差事。可是两处虽有熟人却毫无结果。书记差遣一类事情既不能做，我愿意当兵，大家又总以为我不能当兵。不过事情虽无结果，熟人在桃源的既很多，我却可以常常坐小轮船过桃源来玩了。那时有个表弟正从上面委派下来做译电，我一到桃源时，就住在他那里。两人一出外还仍然是到河边看来往船只。或到上面一点儿河边，看河中心那个大鱼梁。水发时，这鱼梁堪称一种奇观。因为是斜斜地横在河中心，照水流趋势，即有大量鱼群，蹦跳到竹架上，有人用长钩钩取入小船，毫不费事。我离开那个清乡军队已两年，再看看这个清乡军队，一切可完全变了。枪械，纪律，完全不像过去那么马虎，每个兵士都仿佛十分自重，每个军官皆服装整齐凸着胸脯在街上走路。平时无事兵士全不能外出，职员们办公休息各有定时；军队印象使我十分感动。

那指挥官虽自行伍出身，一派文雅的风度，却使人看不出他的本来面目，笔下既异常敏捷，做事又富有经验，好些日子听别人说到他时就使我十分倾心。因此我那时就只想，若能够在他那里当一名差弁，也许比做别的事更有意思。可是我尽这样在心中打算了很久，却终不能得到一个方便机会。

○ ○ ○ 船上

　　住在那小旅馆实在不是个办法，每天虽只三毛六分钱，四个月来欠下的钱很像个大数目了。欠账太多了，非常怕见内老板，每天又必得同她在一桌吃饭。她说的话我可以装作不懂，可是仍然留在心上，挪移不开。桃源方面差事既没有结果，那么，不想个办法，我难道就做旅馆的伙计吗？恰好那时有一只押运军服的帆船，正预备上行，押运人就是我哥哥一个老朋友，我也同他在一堆吃过喝过。一个做小学教员的亲戚，答应替我向店中办个交涉，欠账暂时不说，将来发财再看。在桃源的那个表弟，恰好也正想回返本队，因此三人就一同坐了这小船上驶。我的行李既只是一个用面粉口袋改作的小小包袱，所以上船时实在洒脱方便。

　　船上装满了崭新的棉布军服，把军服摊开，就躺到那上面去，听押船上行的曾姓朋友，说过去生活中种种故事，我们一直在船上过了四十天。

　　这曾姓朋友读书不多，办事却十分在行，军人风味的勇敢、爽直，正如一般镇筸人的通性，因此说到任何故事时，也一例能使人神往意移。他那时年纪不会过二十五岁，却已经赏玩了四十名左右的年轻黄花女。他说到这点经验时，从不显出一分自负的神气，他说这是他的命运，是机缘的凑巧。从他口中说出的每个女子，皆仿佛各有一份不同的个性，他却只用几句最得体、最风趣的言语描出。我到后来写过许多小说，描写到某种不为人所齿及的年轻女子的轮廓，不至于失去她当然的点线，说得对，说得准确，就多数得力于这个朋友的叙述。一切粗俗的话语，在一个直爽的人口中说来，却常常是妩媚的。这朋友最爱说的就是粗野话，在我作品中，关于丰富的俗语与双关比譬言语的应用，从他口中学来的也不少。[1]

我临动身时有一块七毛钱，那豪放不羁的表弟却有二十块钱。但七百里航程还只走过八分之一时，我们所有的钱却已完全花光了。把钱花光后我们依然有说有笑，各人躺在温暖软和的棉军服上面，说粗野的故事，喝寒冷的北风，让船儿慢慢拉去，到应吃饭时，便用极厉害的辣椒在火中烧焦蘸盐下饭。

船只因为得随同一批有兵队护送的货船同时上行，一百来只大小不等的货船，每天皆同时拔锚，同时抛锚，景象十分动人。但辰河滩水既太多，行程也就慢得极可以。任何一只船出事都得加以援助，一出事就得停顿半天。天气又冷，河水业已下落，每到上滩，河槽容船处都十分窄，船夫在这样天气下，还时时刻刻得下水拉纤，故每天即或毫无阻碍，也只能走三十里。送船兵士到了晚上有一部分人得上岸去放哨，大白天则全部上岸跟着船行，所以也十分劳苦。这些兵士经过上司的命令，送一次船一个钱也不能要，就只领下每天二毛二分钱的开差费，但人人却十分高兴，一遇船上出事时，就去帮助船夫，做他们应做的事情。

我们为了减轻小船的重量，也常常上岸走去，不管如何风雪，如何冷，在河滩上跟着船夫的脚迹走去。遇他们下水，我们便从河岸高山上绕着走去。

常德到辰州四百四十里，我们一行便走了十八天，抵岸那

---

[1]　这人就是《湘行散记》中那个戴水獭皮帽子的大老板。

天恰恰是正月一日。船傍城下时已黄昏，三人空手上岸，走到市街去看了一阵春联。从一个屠户铺子经过，我正为他们说及四年前见到这退伍兵士屠户同人殴打，如《水浒》上的镇关西，谁也不是他的对手。恰恰这时节，我们前面一点儿就抛下了一个大爆竹，訇的一声，吓了我们一跳。那时各处虽有爆竹的响声，但曾姓朋友却以为这个来得古怪。看看前面不远又有人走过来，就拖我们稍稍走过了屠户门前几步，停顿了一下。那两个商人走过身时，只见那屠户家楼口小门里，很迅速地又抛了一个爆竹下来，又是訇的一声，那两个商人望望，仿佛知道这件事，赶快走开了。那曾姓朋友说："这狗杂种故意吓人，让我们去拜年吧。"还来不及阻止，他就到那边拍门去了。一面拍门一面和气异常地说："老板，老板，拜年，拜年！"一会儿有个人来开门，把门开时，曾姓朋友一望，就知道这人是镇关西，便同他把手拱拱，冷不防在那高个子眼鼻之间就是结结实实一拳。那家伙大约多喝了杯酒，一拳打去就倒到烛光辉煌的门里去了。只听到哼哼乱骂，但一时却爬不起来。听到有人在楼上问什么什么，那曾姓朋友便说："狗奅的，把爆竹往我头上丢来，你认错了人！老子打了你，有什么话说，到中南门河边送军服船上来找我，我名曾祖宗。"一面说，一面便取出一个名片向门里抛去，拉着我们两人的膀子，哈哈大笑迈步走了。

我们以为那个镇关西会赶来的，因此各人随手还拾了些石头，预备来一场恶斗，谁知身后并无人赶来。上船后，还以为当时虽不赶来，过不久定有人在泥滩上喊曾芹轩，叫他上岸比武。这朋友腹部临时还缚了一个软牛皮大抱肚，选了一块很合手的湿柴，表弟同我却各人拿了好些石块，预备这屠户来说理。也许一拳打去那家伙已把鼻子打塌了，也许听到寻事的声音是镇筸人，知道不大好惹，且自己先输了理，因此不敢来第二次讨亏吃了，我们竟白等了一个上半夜。这个年也就在这类可笑情形中过了。第二天一早，船又离开辰州河岸，开进辰河支流的北河了。

从辰州上行，我们依然沿途耽搁，走了十四天，在离目的地七十里的一个滩上，轮到我们的船遇险了。船触大石后断了缆，右半舷业已全碎，五分钟后就满了水，恰好船只装的是军服，一时不会沉没，我们便随了这破船，急水中漂浮了约三里。那时船上除了我们三人，就只一个拦头工人、一个舵手。水既湍急，任何方法不能使船安全泊岸。然而天保佑，到后居然傍近浅处了。慢慢地十几个拉纤的船夫赶来了，兵士赶来了，大家什么话也不说，只互相对望干笑。于是我们便爬到岸边高崖上去，让船中人把搁在浅处的碎船篷板拆下，在河滩上做起一个临时棚子，预备过夜。其余船只因为两天后可以到地，就不再等我们，全部开走了。本地虽无土匪，却担心荒山中有野兽，船夫们烧了两大堆火，我们便在那个河滩上听了一夜滩声，过了一个元宵。

○ ○ ○ 保靖

目的地到达后，我住在一个做书记的另一表弟那里。无事可做等事做，照本地话说名为"打流"。这名词在吃饭时就见出了意义。每天早晚应吃饭时，便赶忙跑到各位老同事、老同学处去，不管地方，不问情由，一有吃饭机会总不放过。这些人有做书记的，每月大约可得五块到十块钱。有做副官的，每月大约可得十二块到十八块钱。还有做传达的，数目比书记更少。可是在这种小小数目上，人人却能尽职办事，从不觉得有何委屈，也仍然在日光下笑骂吃喝，仍然是有热有光地打发每一个日子。职员中肯读书的，还常常拿了书到春天太阳下去读书。预备将来考军官学校的，每天大清早还起来到卫队营会附操。一般高级军官，生活皆十分拮据，吃粗粝的饭，过简陋的日子，然而极有朝气，全不与我三年前所见的军队相像。一切都得那个精力弥满的统领官以身作则，擘画一切，调度一切，使各人能够在职务上尽力，不消沉也不堕落。这统领便是先一时的靖国联军一军司令，直到现在，还依然在湘西抱残守缺，与一万余年轻军人同过那种甘苦与共的日子。

当时我的熟人虽多，地位都很卑下，想找工作却全不能靠谁说一句话。我记得那时我只希望有谁替我说一句话，到那个军人身边去做一个护兵。且想即或不能做这人的护兵，就做别的官佐护兵也成。因此常常从这个老朋友处借来一件干净军服，从另一个朋友又借了一条皮带，从第三个又借了双鞋子，大家且替我装扮起来，把我打扮得像一个有教育懂规矩的兵士后，方由我那表弟带我往军法处、参谋处、秘书处以及其他地方拜会那些高级办事员。先在门边站着，让表弟进去呈报。到后听说要我进去了，一走进去时就霍地立一个正，做着各样询问的答复，再在一张纸上写几个字。只记着"等等看，我们想法"，就出来了。可是当时竟毫无结果，都说可以想法，但谁也不给一个切实的办法。照我想来，其所以失败的原因，大体还是一则做护兵的多用小苗人和乡下人，做事吃重点儿，用亲戚属中子侄，做事可靠点儿。二则他们都认识我爸爸，不好意思让我来为他们当差。我既无办法可想，又不能亲自去见见那位统领官，一坐下来便将近半年。

这半年中使我亲亲切切感到几个朋友永远不忘的友谊，也使我好好地领会了一个人当他在失业时萎悴无聊的心情。但从另外一方面说来，我却学了不少知识。凭一种无挂无碍到处为生的感情，接近了自然的秘密。我爬上一个山，傍近一条河，躺到那无人处去默想，漫无涯涘去做梦，所接近的世界，似乎皆更是一个结实的世界。

生活虽然那么糟，性情却依旧那么强。有一次因个小小问题，与那表弟吵了几句，半夜里不高兴再在他床上睡觉了，一时又无处可去，就走到一个养马的空屋里，爬到有干草同干马粪香味的空马槽里睡了一夜。到第二天去拿那小包袱告辞时，两人却又讲了和，笑着揉到地上扭打了一阵。但我那表弟却更有趣味。在另外一个夜里，与一个同事说到一件小事，互相争持不下时，就向那人说："你不服吗，我两人出去打一架看看！"那人便老老实实同他披了衣服出去，到黑暗无人的菜园里，扭打了一阵，践踏坏了一大堆白菜，各人滚了一身泥，鼻青眼肿悄悄回到住处，一句话也不说。第二天上饭桌时，才为人从脸目间认出夜里情形来，互相便坦白地大笑，同时也就照常成为好朋友了。这一群年轻人，大致都那么勇敢直爽，十分可爱。但十余年来，却有大半早从军官学校出身做了小军官，在历次小小内战上死去腐烂了。

当时我既住到那书记处，几月以来所有书记原本虽不相识，到后也自然都熟透了。他们忙时我便为他们帮帮忙，写点儿不重要的训令和告示，一面算帮他们的忙，一面也算我自己玩。有一次正在写一件信札，为一个参谋处姓熊的高级参谋见到，问我是什么名义。我以为应分受责备了，心里发慌，轻轻地怯怯地说："我没有名义，我是在这里玩的。帮他们忙写这个文件！"到后那书记官却为我说了一句公道话，告给那参谋，说我帮了他们很多的忙。问清楚了姓名，因此把我名单开上去，当天我就做了四块钱一月的司书。我做了司书，每天必到参谋处写字，事做完时就回到表弟处吃饭睡觉。

事情一有了着落，我很迅速地便在司书中成为一个特出的书记了。不久就加薪到六元。我比他们字写得实在好些。抄写文件时上面有错误处，我能纠正那点儿笔误。款式不合有可斟酌处，我也看得出说得出。我的几个字使我得到了较优越的地位，因此更努力写字。机会既只许可我这个人在这方面费去大部分时间同精力，我也并不放下这点儿机会。我得临帖，我那时也就觉得世界上最使人敬仰的是王羲之。我常常看报，原只注意有正书局的广告，把一点点薪水聚集下来，谨谨慎慎藏到袜统里或鞋底里，汗衣也不作兴有两件，但五个月内我却居然买了十七块钱的字帖。

一分惠而不费的赞美，带着点儿幽默微笑，"老弟，你字真龙飞凤舞，这公文你不写谁也就写不了！"就因为这类话语，常常可以从过足了烟瘾的文书主任那瘪瘪口中听到，我于是当着众人业已熄灯上床时，还常常在一盏煤油灯下，很细心地用《曹娥碑》字体誊录一角公文或一份报告。

各种生活营养到我这个魂灵，使它触着任何一方面时皆若有一闪光焰。到后来我能在桌边一坐下来就是八个钟头，把我生活中所知道所想到的事情写出，不明白什么叫作疲倦，这分耐力与习惯，都出于我那做书记的习惯和命运。

我不久因工作能力比同事强，被调到参谋处服务了。

书记处所在地方，据说是彭姓土司一个妃子所住的花楼。新搬去住的参谋处房间，梁架还是年前一个梁姓苗王处抬来的。笨大的材头，笨大的柱子，使人一见就保留一种稀奇印象。四个书记每天有训令命令抄写时，就伏在白木做成的方桌上抄写，不问早晚多少，以写完为止。文件太多了一点儿，照例还可调取其他部分的书记来帮忙。有时不必调请，照例他们也会赶来很高兴地帮忙。把公事办完时，若那天正是十号左右发饷的日子，各人按照薪水多少不等，各领得每月中三分之一的薪饷，同事朋友必各自派出一份钱，亲自去买狗肉来炖。或由任何人做东，上街去吃面。若各人身边都空空的，恰恰天气又很好，就各自手上拿一木棒，爬上后山顶上去玩，或往附近一土坡上去玩。那后山高约一里，并无什么正路，从险峻处爬到顶上时，却可以看到许多地方。我们也就只是看那么一看，不管如何困难总得爬上去。土坡附近常常有号兵在那里吹号，四周埋葬了许多小坟。每天差不多总有一起小棺材，或蒲包裹好的小小尸首，送到这地方来埋葬。当埋葬时，远近便已蹲了无数野狗同小狼，埋人的一走，这坟至多到晚上，就被这群畜生扒开，小尸首便被吃掉了。这地方狼的数量不知道为什么竟那么多，既那么多为什么又不捕捉，这理由不易明白。我们每次到那小坡上去，总得带一大棒，就为的是恐怕被狼袭击，有木棒可以自卫。这畜生大白天见人时也并不逃跑，只静静地坐在坟头上望着你，眼睛光光的，牙齿白白的，你不惹它它也不惹你。等待你想用石头抛过去时，它却在石头近身以前，曳着个长尾飞奔跑去了。

这地方每到夜间当月晦阴雨时，就可听到远远近近的狼嗥，声音好像伏在地面上，水似的各处流动，低而长，忧郁而悲伤。间或还可听到后山的虎叫，"昂"的一声，谷中回音可延长许久。有时后山虎豹夜里来人家猪圈中盗取小猪，从小猪锐声叫喊的情形里，还可分分明明知道这山中野兽从何处回山，经过何处。大家都已在床铺上听惯了这种声音，也不吃惊，也不出奇。可是由于虎狼太多，虽窗下就有哨兵岗位，但各人皆担心当真会有一天从窗口跃进一只老虎或一只豺狼，我们因此每夜总小心翼翼把格子窗门关好。这办法也并非毫无好处，有一次果然就有两只狼来爬窗子，两个背靠背放哨的兵士，深夜里又不敢开枪，用刺刀拟定这畜生时，据说两只狼还从从容容大模大样地从中门并排走去。

我的事情既不是每天都很多很多，因此遇无事可做时，几个人也常常出去玩。街上除了看洋袜子，白毛巾，为军士用的服装，和价值两元一枚的玩具镀金表，别的就没有什么可引起我们注意的了。逢三八赶场，在三八两天方有杂货百物买卖。因此，我们最多勾留的地方，还是那个河边。河边有一个码头，长年湾泊五十号左右小木船。上面一点儿是个税局，扯起一面大大的写有红黑扁字桐油油过的幡旗。有一只方头平底渡船，每天把那些欢喜玩耍的人打发过河去，把马夫打发过河去，把跑差的兵士打发过河去，又装载了不少从永顺来的商人及由附近村子里来做小买卖的人从对河撑回。那河极美丽，渡船也美丽。

我们有时为了看一个山洞，寻一种药草，甚至于赌一口气，也常常走十里八里，到隔河大岭上跑个半天。对河那个大岭无所不有，也因为那山岭，把一条河显得更加美丽了。

我们虽各在收入最少卑微的位置上做事，却生活得十分健康。有时即或胡闹，把所有点点钱完全花到一些最可笑事情方面去，生活也仍然是健康的。我们不大关心钱的用处，为的是我们正在生活，有许多生活，本来只需我们用身心去接近，去经验，却不必用一笔钱或一本书来作居间介绍。

但大家就是那么各人守住在自己一份生活上，甘心尽日月把各人拖到坟墓里去吗？可并不这样。我们各人都知道行将有一个机会要来的，机会来时我们会改造自己变更自己的，会尽我们的一分气力去好好做一个人的。应死的倒下，腐了烂了，让他完事。可以活的，就照分上派定的忧乐活下去。

十个月后，我们部队有被川军司令汤子模请过川东填防的消息，有特别代表来协商。条件是过境大帮烟土税平分，别的百货捐归接防部队。我们长官若答应时，便行将派四团人过川东。这消息从几次代表的行动上，决定了一切技术上问题，过不久，便因军队开始调动，把这消息完全证实了。

○ ○ ○ 一个大王

那时节参谋处有个满姓同乡问我："军队开过四川去，要一个文件收发员，你去不去？"他且告给我若愿意去，能得九块钱一月。答应去时，他可同参谋长商量作为调用，将来要回湘时就回来，全不费事。

听说可以过四川去，我自然十分高兴。我心想：上次若跟他们部队去了，现在早腐了烂了。上次碰巧不死，一条命好像是捡来的，这次应为子弹打死也不碍事。当时带军队过川东的司令姓张，也就正是我二年前在桃源时想跟他当兵不成的那个指挥官。贺龙做了我们部队的警卫团长，另外还有一顾营长、曾营长、杨营长。有些人同去的，也许都以为入川可以捞几个横财，讨一个媳妇。我所想的还不是钱不是女人。我那时自然是很穷的，六块钱的薪水，扣去伙食两块，每个月我手中就只四块钱，但假若有了更多的钱，我还是不会用它。得了钱，除了充大爷邀请朋友上街去吃面，实在就无别的用处。至于女人呢，仿《疑雨集》写艳体诗情形已成过去了，我再不觉得女人有什么意思。我那时所需要的似乎只是上司方面认识我的长处，我总以为我有分长处，待培养，待开发，待成熟。另外还有一个秘密理由，就是我很想看看巫峡。我有两个朋友从书上知道了巫峡的名字后，便徒步从宜昌沿江上重庆走过一次。我听他们说起巫峡的大处、高处和险处、有趣味处，实在神往倾心。乡下人所想的，就正是把自己全个生命押到极危险的注上去，玩一个尽兴！我们当时的防地同川军长官汤子模、石青阳事先约好了的，是酉阳、龙潭、彭水、龚滩，统由箪军接防，前卫则到涪州为止。我以为既然到了那边，再过巫峡当然很方便了。

我既答应了那同乡，不管多少钱，不拘什么位置，都愿意去。于是三天以后，就随了一行人马上路了。我的职务便是机要文件收发员。临动身时每人照例可向军需处支领薪水一月。得到九块钱后，我什么也不做，只买了一双值一块二毛钱的丝袜子，买了半斤冰糖，把余钱放在板带里。那时天气既很热，晚上还用不着棉被，为求洒脱起见，因此把自己仅有的两条旧棉絮也送给了人，背了小小包袱就上路了。我那包袱中的产业计旧棉袄一件，旧夹袄一件，手巾一条，夹裤一条，值一块二毛钱的丝袜子一双，青毛细呢的响皮底鞋子一双，白大布单衣裤一套。另外还有一本值六块钱的《云麾碑》，值五块钱褚遂良的《圣教序》，值两块钱的《兰亭序》，值五块钱的《虞世南夫子庙堂碑》。还有一部《李义山诗集》。包袱外边则插了一双自由天竺筷子，一把牙刷，且挂了一个钻有小小圆孔用细铁丝链子扣好的搪磁碗儿。这就是我的全部产业。这份产业现在说来，依然是很动人的。

这次旅行和任何一次旅行一样，我当然得随同伙伴走路。我们先从湖南边境的茶峒到贵州边境的松桃，又到四川边境的秀山，一共走了六天。六天之内，我们走过三个省份的接壤处，到第七天在龙潭驻了防。

这次路上增加了我新鲜经验不少，过了些用竹木编成的渡筏，那些渡筏，在静静的溪水中游动，两岸全是夹竹林高山，给人无比幽静的感觉。十年后还在我的记忆里，极其鲜明地占据了一个位置。[1]晚上落店时，因为人太多了一点儿，前站总无法分配众人的住处，各人便各自找寻住处，我却三次占据一条窄窄的长凳睡觉。在长凳上睡觉，是差不多每个兵士都得养成习惯的一件事情，谁也不会半夜掉下地来。我们不只在凳上睡，还在方桌上睡。第三天住在一个乡下绅士家里，便与一个同事两人共据了一张漆得极光的方桌，太极图一般蜷曲着，极安适地睡了一夜。有两次连一张板凳也找寻不着时，我同四个人就睡在屋外稻草堆上，半夜里还可看流星在蓝空中飞！一切生活当时看来并不使人难堪，这类情形直到如今还不会使我难堪。我最烦厌的就是每天睡在同样一张床上，这份平凡处真不容易忍受。到现在，我不能不躺在同一床上睡觉了，但做梦却常常睡到各种新奇地方去，或回复到许多年以前曾经住过的地方去。

通过黔湘边境时，我们上了一个高坡，名棉花岭，据人说上三十二里，下三十五里。那个山坡折磨了我们一整天。可是慢慢爬上这样一个高坡，在岭头废堡垒边向下望去，一群小山，一片云雾，那壮丽自然的画图，真是一个动人的奇观。这山峰形势同堡垒形势，十余年来还使我神往。在四川边境上时，我记得还必须经过一个大场，旺盛季节据说每次场集有五千牛马交易。又经过一个古寺院，有十来株六人不能合抱的松树。寺中南边一个白骨塔，穹形的塔顶，全用刻满佛像的石头砌成，径约四丈。锅井似的圆坑里，人骨零乱，有些腕骨上还套着麻花绞银镯子，也无谁人取它动它。听寺僧说，是上年闹神兵，一个城子的人都死尽了，半年后把骨头收来，隔三年再焚化。

---

[1] 《边城》即由此写成。

我们的军队到川东时，虽仍向前方开去，司令部却不能不在川东边上龙潭暂且住下。

我们在市中心一个庙里扎了营，办事处仍然是戏楼。比较好些便是新到的地方墙壁上十分整洁，没有多少膏药。市面虽并不怎么大，可是商店却十分整齐，一望而知是富庶区。商会为欢迎客军，早为我们预备一切，各人有个木板床，上面安置一条席子。大石平整的院子中，且预先搭好了个大凉棚，既遮阳又通风，因此住在楼上也不很热。市面粗粗看来，一切都还像个样子。因为是正当川盐入湘的孔道，且是川东桐油集中出口地方。又有一条小河，从洞庭湖来的船只还可由湘西北河上行直达市镇，出口的桐油与入口的花纱杂物交易都很可观。因此地方有邮局，有布置得干净舒适的客商安宿处，还有"私门头"，供过往客商及当地小公务员寻欢取乐。

地方还有大油坊和染坊，有酿酒糟坊，有官药店，有当铺，还有一个远近百里著名的龙洞，深处透光处约半里，高约十丈，长年从洞中流出一股寒流，冷如冰水。时正六月，水的寒冷竟使任何兵士也不敢洗手洗脚，手足一入水，骨节就疼痛麻木，失去知觉。那水灌溉了千顷平田，本地禾苗便从无旱灾。本部上自司令下至马夫，到这洞中次数最多的，恐怕便是我。我差不多每天必来一回，在洞中大石板上一坐半天，听水吹风够了时，方用一个大葫芦贮满了生水回去，款待那些同事朋友。

那地方既有小河，我当然也欢喜到那河边去，独自坐在河岸高崖上，看船只上滩。那些船夫背了纤绳，身体贴在河滩石头下，那点儿颜色，那种声音，那派神气，总使我心跳。那光景实在美丽动人，永远使人同时得到快乐和忧愁。当那些船夫把船拉上滩后，各人伏身到河边去喝一口长流水，站起来再坐到一块石头上，把手拭去肩背各处的汗水时，照例总很厉害地感动我。

我的公事职务并不多，只是在外来的文件递到时，照例在簿籍上照款式写着某年某月某日某时收到某处来文，所说某事。发去的也同样记上一笔。文件中既分平常、次要、急要三种，我便应当保管七本册子，一本作为来往总账，六本作分别记录。这些册子到晚上九点钟，必送到参谋长房里去，好转呈司令官检查，画一个阅字再退回来。我的职务虽比司书稍高，薪饷却并不比一个弁目为高。可是我也有了些好处，一到了这里，不必再出伙食，虽名为自办伙食，所有费用统归副官处报账。我每月可净得九块钱，在当时，可不是一个小数目！得了钱时不知如何花费，就邀朋友上街到面馆吃面，每次得花两块钱。那时可以算为我的好朋友的，是那司令官几个差弁、几个副官，和一个青年传令兵。

我们的住处各用木板隔开，我的职务在当时虽十分平常，所保管的文件却似乎不能尽人知道，因此住处便在戏楼最后一角。隔壁是司令官的十二个差弁，再过去是参谋长同秘书长，再过去是司令官，再过去是军法官。对面楼上分军法处、军需处、军械处三部分，楼下有副官处和庶务处。戏台上住卫队一连。正殿则用竹席布幕隔成四五单位，正中部分是个大客厅。接见当地绅士和团总时，就在这大客厅中，同时又常常用来审案。其他是司令官和高级幕僚分别议事或接待外来代表用的。各地方皆贴上白纸的条子，用浓墨写明所属某部，用虞世南体端端正正写明，那纸条便出自我的手笔。差弁房中墙上挂满了多种连发小枪，我房间中却贴满了自写的字。每个视线所及的角隅，我还贴了小小字条，上面这样写着："胜过钟王，压倒曾李。"因为那时节我知道写字出名的，死了的有钟、王两人，活着却有曾农髯和李梅庵。我以为只要赶过了他们，一定就可独霸一世了。

我出去玩时，若只一人，我只常到龙洞与河边，两人以上就常常过对河去。因为那时节防地虽由川军让出，川军却有一个旅司令部与小部分军队驻在河对面一个庙里。上级虽相互要好，兵士不免常有争持打点儿小架，我一人过去时怕吃人的亏，有了两人，则不拘何处走去，不必担心了。

到这地方每月虽可以得九块钱，不是吃面花光，就是被别的朋友用了，我却从不想到缝点儿衣服。身上只一件衣。一次因为天气很好，把自己身上那件汗衣洗洗，一会儿天却落了雨，衣既不干，另一件军服又为一个朋友穿去了，差弁全已下楼吃饭，我照规矩又不能赤膊从司令官房边走过，就老老实实饿了一顿。

我不是说过我同那些差弁全认识吗？其中共十二个人，大半比我年龄还小些，彼此都十分要好。我认为最有趣的是那个二十八岁的弁目。这是一个土匪，一个大王，一个真真实实的男子。这人自己用两只手毙过两百个左右的敌人，却曾经有过十七位押寨夫人。这大王身个儿小小的，脸庞黑黑的，除了一双放光的眼睛外，外表任你怎么看也估不出他有多少精力同勇气。年前在辰州河边时，大冬天有人说："谁现在敢下水，谁不要命！"他什么话也不说，脱光了身子，即刻扑通一声下水给人看看。且随即在宽约一里的河面游了将近一点钟，上岸来时，走到那人身边去，"一个男子的命就为这点儿水要去吗？"或者有人述说谁赌扑克被谁欺骗把荷包掏光了，他当时一句话也不说，一会儿走到那边去，替被欺骗的把钱要回来，将钱一下掼到身边，一句话不说就又走开了。这大王被司令官救过他一次，于是不再做山上的大王，到这行伍出身的司令官身边做了一个亲信，用上尉名义支薪，侍候这司令官却如同奴仆一样地忠实。

我住处既同这样一个大王比邻，两人不出门，他必经常走过我房中来和我谈天。凡是我问他的，他无事不回答得使我十分满意。我从他那里学习了一课古怪的学程。从他口上知道烧房子、杀人……种种犯罪的纪录，且从他那种爽直说明中了解那些行为背后所隐伏的生命意识。我从他那儿明白所谓罪恶，且知道这些罪恶如何为社会所不容，却也如何培养着这个坚实强悍的灵魂。我从他坦白的陈述中，才明白在用人生为题材的各样变故里，所发生的景象，如何离奇、如何炫目。这人当他做土匪以前，本是一个种田良民，为人又怕事又怕官。被外来军人把他当成土匪胡乱枪决过一次。到时他居然逃脱了，后来且居然就做"大王"了！

他会唱点儿旧戏，写写字，画两笔兰草，都还比一些近代伟人作品看得去。每到我房中把话说倦时，就一面口中唱着，一面跳上我的桌子，演唱《夺三关》与《杀四门》，武把子当然比弄笔杆子当行得多。

有一天，七个人同在副官处吃饭，不知谁人开口说到听说对河什么庙里，川军还押得有一个古怪的犯人，一个出名的美姣姣。十八岁就做了匪首。被捉后，年轻军官全为她发疯，互相杀死两个小军官。解到旅部后，部里大小军官全想得到她，可是谁也不能占到便宜。听过这个消息后，我就想去看看这女土匪。我由于好奇，似乎时时刻刻要用这些新鲜景色事物喂养我的灵魂，因此说笑话，以为谁能带我去看看，我便请谁喝一斤酒。几天以后，对这件事自然也就忘掉了。一天黄昏将近时分，吃过了晚饭正在擦拭灯罩，那大王忽然走来喊我："兄弟，兄弟，同我去个好地方，你就可以看你要看的东西。"

我还来不及询问到什么地方去看什么东西，就被他拉下楼梯走出营门了。

我们乘小船过河去到了一个庙里，那里驻扎得有一排川军。他同他们似乎都已非常熟悉，打招呼行了个军礼，进庙后我们就一直向后殿走去。不一会儿，转入另外一个院落，就在栅栏边看到一个年轻妇人了。

那妇人坐在屋角一条朱红毯子上，正将脸向墙另一面，背了我们凭借壁间灯光做针线。那大王走近栅栏边时就说："夭妹，夭妹，我带了个小兄弟来看你！"

妇人回过身来，因为灯光黯淡了一点儿，只见着一张白白的脸儿，一对大大的眼睛。她见着我后，才站起身走过我们这边来。逼近身时，隔了栅栏望去，那妇人身材才真使我大吃一惊！妇人不算得是怎样稀罕的美人，但那副眉眼，那副身段，那么停匀合度，可真不是常见的家伙！她还上了脚镣，但似乎已用布片包好，走动时并无声音。我们隔了栅栏说过几句话后，就听她问那弁目："刘大哥，刘大哥，你是怎的？你不是说那个办法吗？今天十六。"

那大王低低地说："我知道，今天已经十六。"

"知道就好。"

"我着急，卜了个课，说月份不利，动不得。"

那妇人便骨嘟着嘴吐了一个"呸"，不再开口说话，神气中似有三分幽怨。这时节我虽把脸侧向一边去欣赏那灯光下的一切，但却留心到那弁目的行为。我看他对妇人把嘴向我努努，我明白在这地方太久不是事，便说我想先回去。那女人要我明天再来玩，我答应后，那弁目就把我送出庙门，在庙门口捏捏我的手，好像有许多神秘处，为时不久全可以让我明白，于是又独自进去了。

我当时只稀奇这妇人不像个土匪，还以为别是受了冤枉捉到这里来的。我并不忘掉另一时在芷江怀化剿匪清乡所经过的种种，军队里照例有多少愚蠢糊涂事成天发生。

一夜过去后，第二天吃早饭时，副官处一桌子人都说要我请他们喝酒。问问原因，才知道那女匪王夭妹已被杀，我要想看，等等到桥头去就可看见了。有人亲眼见到的。还说这妇人被杀时一句话不说，神色自若地坐在自己那条大红毛毯上，头掉下地时尸身还并不倒下。消息吓了我一跳，我奇怪，昨晚上还看到她，她还约我今天去玩，今早怎么就会被杀？吃完饭，我就跑到桥头上去，那死尸却已有人用白木棺材装殓，停搁在路旁，只地下剩一摊腥血以及一堆纸钱白灰了。我望着那个地面上凝结的血块，我还不大相信，心里乱乱的，忙匆匆地走回衙门去找寻那个弁目，只见他躺在床上，一句话不说。我不敢问他什么，便回到自己房中办事来了。可是过不多久，我却从另一差弁口中知道这件事情的经过原委。

原来这女匪早就应当杀头的。虽然长得体面标致，可是为人著名毒辣。爱慕她的军官虽多，谁也不敢接近她，谁也不敢保释她。只因为她还有七十支枪埋到地下，谁也不知道这些军械埋藏处。照当时市价，这一批武器将近值一万块钱，不是一个小数目。因此，尽想设法把她所有的枪支诱骗出来，于是把她拘留起来，且在生活上待她和任何犯人不同。这弁目知道了这件事，又同川军排长相熟，就常过那边去。与女人熟识后，却告给女人，他也还有六十支枪埋在湖南边境上，要想法保她出来，一同把枪支掘出上山落草，就可以天不怕地不怕在山上做大王活过下半世。女人信托了他，夜里在狱中两人便亲近过了一次。这事被军官发现后，因此这女人第二天一早，便为川军牵出去砍了。

当两个人夜里在狱中所做的事情，被庙中驻兵发觉时，触犯了做兵士的最大忌讳，十分不平。以为别的军官不能弄到手的，到头来却为一个外来人得了好处。俗话说"肥水不落外人田"，因此一排人把步枪上了刺刀，守在门边，预备给这弁目过不去。可是当有人叫他名姓时，这弁目明白自己的地位，不慌不忙地，结束了一下他那皮带，一面把两支放蓝光小九响手枪取出拿在手中，一面便朗朗地说："兄弟，兄弟，多不得三心二意，天上野鸡各处飞，谁捉到手是谁的运气，今天小小冒犯，万望海涵。若一定要牛身上捉虱，钉尖儿挑眼，不高抬个膀子，那不要见怪，灯笼子认人枪子儿可不认人！"那一排兵士知道这不是个傻子，若不放他过身，就得要几条命。且明白这地方川军只驻扎一连人，筸军却有四营，出了事也不会有好处。因此让出一条路，尽这弁目两只手握着枪从身旁走去了。

女人既已死去，这弁目躺在床上约一礼拜左右，一句空话不说，一点儿东西不吃，大家都怕他，也不敢去撩他。到后忽然起了床，又和往常一样活泼豪放了。他走到我房中来看我，一见我就说："兄弟，我运气真不好！夭妹为我死的，我哭了七天，现在好了。"

当时看他样子实在又好笑又可怜。我什么话也不好说，只同他捏着手，相对微笑了一会儿，表示同情和惋惜。

在龙潭我住了将近半年。

当时军队既因故不能开过涪州，我要看巫峡一时还没有机会。我到这里来熟人虽多，却除了写点儿字以外毫无长进处。每天生活依然是吃喝，依然是看杀人，这份生活对我似乎不大能够满足。不久就有了一个机会转湖南，我便预备领了护照，搭坐了小货船回去。打量从水道走，一面我可以经过几个著名的险滩，一面还可以看见几个新地方，如里耶、石堤溪，都是湘边著名的风景码头。其时那弁目正又同一个洗衣妇要好，想把洗衣妇讨做姨太太。司令官出门时，有人拦舆递状纸，知道其中有了些纠纷。告他这事不行，说是"我们在这里做客，这种事对军誉很不好"。那弁目心中不服，便向其他人说："这是文明自由的事情，司令官不许我这样做，我就请长假回家，拖队伍干我老把戏去。"他既不能娶那洗衣妇人，当真就去请假，司令官也即刻就准了他的假。那大王想与我一道结伴上船，在同一护照上便填了我和他两人的姓名。把船看好，准备当天下午动身。吃过早饭，他在我房中正说到那个王幺妹被杀前的种种事情，忽然军需处有人来请他下去算饷，他十分快乐地跑下楼去。不到一分钟，楼下就吹集合哨子，且听到有值日副官喊"备马"。我心中纳闷，照情形看来好像要杀人似的。但杀谁呢？难道又要枪决逃兵吗？难道又要办一个土棍吗？随即听人大声嘶嚷，推开窗子看看，原来那弁目军装业已脱去，已被绑好，正站在院子中。卫队已集了合，成排报数，准备出发，值日官正在请令，看情形，大王一会儿就要推出去了。

　　被绑好了的大王，反背着手，耸起一副瘦瘦的肩膊，向两旁楼上人大声说话："参谋长、副官长、秘书长、军法长，请说句公道话，求求司令官的恩典，不要杀我吧。我跟了他多年，不做错一件事。我女人还在公馆里侍候司令太太。大家做点儿好事，说句好话吧。"

大家互相望着，一句话不说。那司令官穿了件白罗短褂，手执一支象牙烟管，从大堂客厅从从容容走出来，温文尔雅地站在滴水檐前，向两楼的高级官佐微笑着打招呼。

"司令官，来一分恩典，不要杀我吧。"

那司令官十分严肃地说："刘云亭，不要再说什么话丢你的丑。做男子的做错了事，应当死时就正正经经地死去，这是我们军队中的规矩。你应该早就知道，我们在这里做客，理应凡事格外谨慎才对得起地方人。你黑夜里到监牢里去奸淫女犯，这是十分丑恶的行为，我念你跟我几年来做人的好处，为你记下一笔账，暂且不提。如今又想为非作歹，预备把良家妇女拐走，且想回家去拖队伍，上山落草，重理旧业，这是什么打算！我想与其放你回乡去做坏事，作孽一生，尽人怨恨你，不如杀了你，为地方除一害。现在不要再说空话，你女人和小孩子我会照料，自己勇敢一点儿做个男子吧。"

那大王听司令官说过一番话后，便不再喊"公道"了，就向两楼的人送了一个微笑，忽然显得从从容容了，"好好，司令官，谢谢你老人家几年来特别照顾。兄弟们再见，兄弟们再见。"一会儿又压低嗓子说："司令官你真做梦，别人花六千块钱运动我刺你，我还不干！"司令官仿佛没听到，把头掉向一边，嘱咐值日副官要买副好点儿的棺木。

于是这大王一会儿就被簇拥出了大门，从此不再见了。

我当天下午依然上了船。我那护照上原有两个人的姓名，大王那一个临时用朱笔涂去，这护照一直随同我经过了无数恶滩，五天后到了保靖，方送到副官处去缴销。至于那帮会出身温文尔雅才智不凡的张司令官，同另外几个差弁，则三年后在湘西辰州地方，被一个姓田的部属旅长客客气气请去吃酒，进到辰州考棚二门里，当欢迎喇叭还未吹毕时，连同四个轿夫，一起被机关枪打死。所有尸身随即被浸渍在阴沟里，直到两月事平后，方清出尸骸葬埋。刺他的部属田旅长，很凑巧，一年后又依然在那地方，被湖南主席叶开鑫派另一个部队长官，用请客方法，在文庙前面夹道中刺死。

○ ○ ○ 学历史的地方

　　从川东回湘西后，我的缮写能力得到了一方面的认识，我在那个治军有方的统领官身边做书记了。薪饷仍然每月九元，却住在一个山上高处单独的新房子里。那地方是本军的会议室，有什么会议需要记录时，机要秘书不在场，间或便应归我担任。这份生活实在是我一个转机，使我对于全个历史各时代各方面的光辉，得了一个从容机会去认识，去接近。原来这房中放了四五个大楠木橱柜，大橱里约有百来轴自宋及明清的旧画，与几十件铜器及古瓷，还有十来箱书籍，一大批碑帖，不多久且来了一部《四部丛刊》。这统领官既是个以王守仁、曾国藩自许的军人，每个日子治学的时间，似乎便同治事时间相等，每遇取书或抄录书中某一段时，必令我去替他做好。那些书籍既各得安置在一个固定地方，书籍外边又必须做一识别，故二十四个书箱的表面，书籍的秩序，全由我去安排。旧画与古董登记时，我又得知道这一幅画的人名时代同他当时的地位，或器物名称同它的用处。由于应用，我同时就学会了许多知识。又由于习染，我成天翻来翻去，把那些旧书大部分也慢慢地看懂了。

　　我的事情那时已经比我在参谋处服务时忙了些，任何时节都有事做。我虽可随时离开那会议室，自由自在到别一个地方去玩，但正当玩得十分畅快时，也会为一个差弁找回去的。军队中既常有急电或别的公文，在半夜时送来，回文如需即刻抄写时，我就随时得起床做事。但正因为把我仿佛关闭到这一个房子里，不便自由离开，把我一部分玩的时间皆加入到生活中来，日子一长，我便显得过于清闲了。因此无事可做时，把那些旧画一轴一轴地取出，挂到壁间独自来鉴赏，或翻开《西清古鉴》《薛氏彝器钟鼎款识》这一类书，努力去从文字与形体上认识房中铜器的名称和价值，再去乱翻那些书籍。一部书若不知道作者是什么时代的人时，便去翻《四库提要》。这就是说，我从这方面对于这个民族在一段长长的年份中，用一片颜色、一把线、一块青铜或一堆泥土，以及一组文字，加上自己生命做成的种种艺术，皆得了一个初步普遍的认识。由于这点儿初步知识，使一个以鉴赏人类生活与自然现象为生的乡下人，进而对于人类智慧光辉的领会，发生了极宽泛而深切的兴味。若说这是个人的幸运，这点儿幸运是不得不感谢那个统领官的。

那军官的文稿，草字极不容易认识，我就从他那手稿上，望文会义地认识了不少新字。但使我很感动的，影响到一生工作的，却是他那种稀有的精神和人格。天未亮时起身，半夜里还不睡觉。任什么事他明白，任什么他懂。他自奉常常同个下级军官一样。在某一方面来说，他还天真烂漫，什么是好的他就去学习，去理解。处置一切他总敏捷稳重。由于他那份稀奇精力，算军在湘西二十年来博取了最好的名誉，内部团结得如一片坚硬的铁，一束不可分离的丝。

到了这时我性格也似乎稍变了些，我表面生活的变更，还不如内部精神生活变动得剧烈。但在行为方面，我已经同一些老同事稍稍疏远了。有时我到屋后高山去玩玩，有时又走近那可爱的河水玩玩，总拿了一本线装书。我所读的一些旧书，差不多就完全是这段时间中奠基的。我常常躺在一片草场上看书，看厌倦时，便把视线从书本移开，看白云在空中移动，看河水中缓缓流去的菜叶。既多读了些书，把感情弄柔和了许多，接近自然时感觉也稍稍不同了。加之人又长大了一点儿，也间或有些不安于现实的打算，为一些过去了的或未来的东西所苦恼，因此生活虽在一种极有希望的情况中过着日子，我却觉得异常寂寞。

那时节我爸爸已从北方归来，正在那个前驻龙潭的张指挥部做军医正。他们军队虽有些还在川东，指挥部已移防下驻辰州。我的母亲和最小的九妹皆在辰州。家中人对我前事已毫无芥蒂。我的弟弟正同我在一个部中做书记，我们感情又非常好。

我需要几个朋友，那些老朋友却不能同我谈话。我要的是个听我陈述一份酝酿在心中十分混乱的感情。我要的是对于这种感情的启发与疏解，熟人中可没有这种人。可是不久却有个人来了，是我一个姨父。这人姓聂，与熊希龄同科的进士。上一次从桃源同我搭船上行的表弟便是他的儿子。这人是那统领官的先生，一来时被接待住在对河一个庙里，地名狮子洞。为人知识极博，而且非常有趣味，我便常常过河去听他谈"宋元哲学"，谈"大乘"，谈"因明"，谈"进化论"，谈一切我所不知道却愿意知道的种种问题。这种谈话显然也使他十分快乐，因此每次所谈时间总很长很久。但这么一来，我的幻想更宽，寂寞也就更大了。

我总仿佛不知道应怎么办就更适当一点儿。我总觉得有一个目的，一件事业，让我去做，这事情是合于我的个性，且合于我的生活的。但我不明白这是什么事业，又不知用什么方法即可得来。

当时的情形，在老朋友中只觉得我古怪一点儿，老朋友同我玩时也不大玩得起劲了。觉得我不古怪，且互相有很好的友谊的，只四个人：一个满振先，读过《曾文正公全集》，只想做模范军人。一个陆戮，侠客的崇拜者。一个田杰，就是我小时候在技术班的同学，第一次得过兵役名额的美术学校学生，心怀大志的角色。这三个人当年纪轻轻的时节，便一同徒步从黔省到过云南，又徒步过广东，又向西从宜昌徒步直抵成都。还有一个回教徒郑子参，从小便和我在小学里同学，我在参谋处办事时节，便同他在一个房子里住下。平常人说的多是幼有大志，投笔从戎，我们当时却多是从戎而无法投笔的人。我们总以为这目前一份生活不是我们的生活。目前太平凡，太平安。我们要冒点儿险去做一件事。不管所做的是一件如何小事，当我们未明白以前，总得让我们去挑选。不管到头来如何不幸，我们总不埋怨这命运。因此到后来姓陆的就因泅水淹毙在当地大河里。姓满的做了小军官，广西、江西各处打仗，民十八在桃源县被捷克式自动步枪打死了。姓郑的黄埔四期毕业，在东江作战以后，也消失了。姓田的从军官学校毕业做了连长，现在还是连长。我就成了如今的我。

我们部队既派遣了一个部队过川东做客，本军又多了一个税收局卡，给养就充足了些。那时候军阀间暂时休战，"联省自治"的口号喊得极响，"兵工筑路垦荒""办学校""兴实业"，几个题目正给许多人在京、沪及各省报纸上讨论。那个统领官既力图自强，想为地方做点儿事情，因此参考山西省的材料，亲手草了一个湘西各县自治的计划，召集了几度县长与乡绅会议，计划把所辖十三县划成一百余乡区，试行湘西乡自治。草案经过各县区代表商定后，一切照决议案着手办去。不久就在保靖地方设立了一个师范讲习所，一个联合模范中学，一个中级女学，一个职业女学，一个模范林场。另外还组织了六个工厂。本地又原有一个军官学校，一个学兵教练营。再加上六千左右的军农队。学校教师与工厂技师，全部由长沙聘来，因此地方就骤然有了一种崭新的气象。此外为促进乡治的实现与实施，还筹备了个定期刊物，置办了一部大印报机，设立了一个报馆。这报馆首先印行的便是《乡治条例》与各种规程。文件大部分由那统领官亲手草成，乡代表审定通过，由我在石印纸上用胶墨写过一次。现在既得用铅字印行，一个最合理想的校对，便应当是我了。我于是暂时调到新报馆做了校对。部中有文件抄写时，便又转回部中。从市街走，两地相距约两里，从后山走稍近，我为了方便时常从那埋葬小孩坟墓上蹲满野狗的山地走过，每次总携了一个大棒。

○ ○ ○ 一个转机

　　调进报馆后，我同一个印刷工头住在一间房子里。房中只有一个窗口，门小小的。隔壁是两架手摇平板印刷机，终日叽叽咯咯大声响着。

　　这印刷工人倒是个有趣味的人物。脸庞眼睛全是圆的，身个儿长长的，具有一点儿青年挺拔的气度。虽只是个工人，却因为在长沙地方得风气之先，由于"五四"运动的影响，成了个进步工人。他买了好些新书新杂志，削了几块白木板子，用钉子钉到墙上去，就把这些古怪东西放在上面。我从司令部搬来的字帖同诗集，却把它们放到方桌上。我们同在一个房里睡觉，同在一盏灯下做事，他看他的新书时我就看我的旧书。他把印刷纸稿拿去同几个别的工人排好印出样张时，我就好好地来校对。到后自然而然我们就熟悉了。我们一熟悉，我那好向人发问的乡巴佬脾气，有机会时，必不放过那点儿机会。我问那本封面上有一个打赤膊人像的书是什么，他告了我是《改造》以后，我又问他那《超人》是什么东西。我还记得他那时的样子，脸庞同眼睛皆圆圆的，简直同一匹猫儿一样："唉，伲俐，怎么个末朽？一个天下闻名的女诗人……也不知道么？""我只知道唐朝女诗人鱼玄机是个道士。""新的呢？""我知道随园女弟子。""再新一点儿？"我把头摇摇，不说话了。我看他那神气，我觉得有点儿害羞，我实在什么也不知道。一会儿我可就知道了，因为我顺从他的指点，看了这本书中一篇小说。看完后我说："这个我知道了。你那报纸是什么报纸？是老《申报》吗？"于是他一句话不说，又把刚清理好的一卷《创造周报》推到我面前来，意思好像只要我一看就会明白似的，若不看，他纵说也说不明白。看了一会儿，我记着了几个人的名字。又知道白话文与文言文不同的地方，其一落脚用"也"字同"焉"字，其一落脚却用"呀"字同"啊"字；其一写一件事情越说得少越好，其一写一件事情越说得多越好。我自己明白了这点儿区别以后，又去问那印刷工人，他告我的大体也差不多。当时他似乎对于我有点儿觉得好笑。在他眼中，我真如长沙话所谓有点儿"朽"。

不过他似乎也很寂寞，需要有人谈天，并且向这个人表现表现思想。就告我白话文最要紧处是"有思想"，若无思想，不成文章。当时我不明白什么是思想，觉得十分忸怩。若猜得着十年后我写了些文章，被一些连看我文章上所说的话语意思也不懂的批评家，胡乱来批评我文章"没有思想"时，我即不懂"思想"是什么意思，当时似乎也就不必怎样惭愧了。

这印刷工人我很感谢他，因为若没有他的一些新书，我虽时时刻刻为人生现象自然现象所神往倾心，却不知道为新的人生智慧光辉而倾心。我从他那儿知道了些新的，正在另一片土地同一日头所照及的地方的人，如何去用他们的脑子，对于目前社会做反复检讨与批判，又如何幻想一个未来社会的标准与轮廓。他们那么热心在人类行为上找寻错误处，发现合理处，我初初注意到时，真发生不少反感！可是，为时不久，我便被这些大小书本征服了。我对于新书投了降，不再看《花间集》，不再写《曹娥碑》，却欢喜看《新潮》《改造》了。

我记下了许多新人物的名字，好像这些人同我都非常熟悉。我崇拜他们，觉得比任何人还值得崇拜。我总觉得稀奇，他们为什么知道事情那么多，一动起手来就写了那么多，并且写得那么好。

为了读过些新书，知识同权力相比，我愿意得到智慧，放下权力。我明白人活到社会里，应当有许多事情可做，应当为现在的别人去设想，为未来的人类去设想，应当如何去思索生活，且应当如何去为大多数人牺牲，为自己一点点理想受苦，不能随便马虎过日子，不能委屈过日子。

我常常看到报纸上普通新闻栏说的卖报童子读书、补锅匠捐款兴学等记载，便想，自己读书既毫无机会，捐款兴学倒必须做到。有一次得了十天的薪饷就全部买了邮票，封进一个信封里，另外又写了一张信笺，说明自己捐款兴学的意思。末尾署名"隐名兵士"，悄悄把信寄到上海《民国日报·觉悟》编辑处去，请求转交"工读团"。做过这件事情后，心中有说不出的秘密愉快。

那时皮工厂、帽工厂、被服厂、修械厂组织就绪已多日，各部分皆有了大规模的标准出品。师范讲习所第一班已将近毕业，中学校、女学校、模范学校，全已在极有条理情形中上课。我一面在校对职务上做我的事情，一面向那印刷工人问些下面的情形，一面就常常到各处去欣赏那些我从不见到过的东西。修械处的长大车床与各种大小轮轴，被一条在空中的皮带拖着飞跃活动，从我眼中看来实在是一种壮观。其他各个工厂亦无不触目惊人。还有学校，那些从各处派来的青年学生，在一班年轻教师指导下，在无事无物不新的情形中，那份活动实在使我十分羡慕。我无事情可做时，总常常去看他们上课，看他们打球。学生中有些原来和我在小学时节一堆玩过闹过的，把我请到他们宿舍去，看看他们那样过日子，我便有点儿难受。我能聊以自解的只一件事，就是我正在为国家服务，却已把服务所得，做了一次捐资兴学的伟大事业。

本军既多了一些税收，乡长会议复决定了发行钞票的议案，金融集中到本市，因此本地顿呈现空前的繁荣。为了乡自治的决议案，各县皆摊款筹办各种学校，同时造就师资，又决定了派送学生出省或本省学习的办法。凡学棉业、蚕桑、机械、师范，以及其他适于建设的学生，在相当考试下，皆可由公家补助外出就学。若愿入本省军官学校，人既在本部任职，只要有意思前去，即可临时改委一少尉衔送去。我想想，我也得学一样切实的技能，好来为本军服务。可是我应当学什么能够学什么，完全不知道。

因为部中的文件缮写，需要我处似乎比报纸较多，我不久又被调了回去，仍然做我的书记。过了不久，一场热病袭到了身上，在高热糊涂中任何食物不入口，头痛得像斧劈，鼻血一碗一摊地流。我支持了四十天。感谢一切过去的生活，造就我这个结实的体魄，没有被这场大病把生命取去。但危险期刚过不久，平时结实得同一只猛虎一样的老同学陆殳，为了同一个朋友争口气，泅过宽约一里的河中，却在小小疏忽中被洄流卷下淹死了。第四天后把他尸体从水面拖起，我去收拾他的尸骸掩埋，看见那个臃肿样子时，我发生了对自己的疑问。我病死或淹死或到外边去饿死，有什么不同？若前些日子病死了，连许多没有看过的东西都不能见到，许多不曾到过的地方也无从走去，真无意思。我知道见到的实在太少，应知道应见到的可太多，怎么办？

我想我得进一个学校，去学些我不明白的问题，得向些新地方，去看些听些使我耳目一新的世界。我闷闷沉沉地躺在床上，在水边，在山头，在大厨房同马房，我痴呆想了整四天，谁也不商量，自己很秘密地想了四天。到后得到一个结论了，那么打量着："好坏我总有一天得死去，多见几个新鲜日头，多过几个新鲜的桥，在一些危险中使尽最后一点儿气力，咽下最后一口气，比较在这儿病死或无意中为流弹打死，似乎应当有意思些。"到后，我便这样决定了："尽管向更远处走去，向一个生疏世界走去，把自己生命押上去，赌一注看看，看看我自己来支配一下自己，比让命运来处置得更合理一点儿呢还是更糟糕一点儿？若好，一切有办法，一切今天不能解决的明天可望解决，那我赢了；若不好，向一个陌生地方跑去，我终于有一时节肚子瘪瘪地倒在人家空房下阴沟边，那我输了。"

我准备过北京读书，读书不成便做一个警察，做警察也不成，那就认了输，不再做别的好打算了。

当我把这点儿意见，这样打算，怯怯地同我上司说及时，感谢他，尽我拿了三个月的薪水以外，还给了我一种鼓励。临走时他说："你到那儿去看看，能进什么学校，一年两年可以毕业，这里给你寄钱来。情形不合，你想回来，这里仍然有你吃饭的地方。"我于是就拿了他写给我的一个手谕，向军需处取了二十七块钱，连同他给我的一分勇气，离开了我那个学校，从湖南到汉口，从汉口到郑州，从郑州转徐州，从徐州又转天津，十九天后，提了一卷行李，出了北京前门的车站，呆头呆脑在车站前面广坪中站了一会儿。走来一个拉排车的，高个子，一看情形知道我是乡巴佬，就告给我可以坐他的排车到我所要到的地方去。我相信了他的建议，把自己那点儿简单行李，同一个瘦小的身体，搁到那排车上去，很可笑地让这运货排车把我拖进了北京西河沿一家小客店，在旅客簿上写下——

沈从文年二十岁学生湖南凤凰县人

便开始进到一个使我永远无从毕业的学校，来学那课永远学不尽的人生了。

一九三一年八月在青岛作

○ 沈从文的三个讲演

○ ○ ○ 二十年代的中国新文学

——九八〇年十一月七日在美国哥伦比亚大学的讲演

各位先生，各位朋友，多谢大家好意，让我今生有机会来到贵校谈谈半个世纪以前，我比较熟悉的事情和个人在这一段时间中（工作、生活、学习）的情况。在并世作家中，已有过不少的叙述，就是提及我初期工作情形的也有些不同的叙述。近年来香港刊物中发表的，也多充满了好意。据我见到得来的印象，有些或从三十年代上海流行的小报上文坛消息照抄而成，有些又从时代较晚的友好传述中得来，极少具体明白当时社会环境的背景。所以即或出于一番好意，由我看来，大都不够真实可信，以至于把握不住重点，只可供谈天用，若作为研究根据，是不大适当的。特别是把我学习写作的成就说得过高，更增我深深的惭愧。因此我想自己来提供一点儿回忆材料，从初到北京开始。正如我在四十年前写的一本自传中说的，"把广大社会当成一本大书看待"，如何进行一种新的学习教育情形，我希望尽可能压缩分成三个部分来谈谈：

1. 是初来时住前门外"酉西会馆"那几个月时期的学习。

2. 是迁到北大沙滩红楼附近一座小公寓住了几年，在那小环境中的种种。

3. 是当时大环境的变化，如何影响到我的工作，和对于工作的认识及理解。

这三点都是互相联系，无法分开的。

我是在一九二三年夏天到达北京的。照当时习惯，初来北京升学或找出路，一般多暂住在会馆中，凡事有个照料。我住的酉西会馆由清代上湘西人出钱建立，为便利入京应考进士举人或候补知县而准备的，照例附近还有些不动产业可收取一定租金作为修补费用。大小会馆约二十个房间，除了经常住些上湘西十三县在京任职低级公务员之外，总有一半空着，供初来考学校的同乡居住。我因和会馆管事有点儿远房表亲关系，所以不必费事，即迁入住下。乍一看本是件小事，对我说来，可就不小，因为不必花租金。出门向西走十五分钟，就可到达中国古代文化集中地之一——在世界上十分著名的琉璃厂。那里除了两条十字形街，两旁有几十家大小古董店，小胡同里还有更多不标店名、分门别类包罗万象的古董店，完全是一个中国文化博物馆的模样。我当时虽还无资格走进任何一个店铺里去观光，但经过铺户大门前，看到那些当时不上价的唐、宋、元、明破瓷器和插在铺门口木架瓷缸的宋元明清"黑片"画轴，也就够使我忘却一切，神往倾心而至于流连忘返了。向东走约二十分钟，即可到前门大街，当时北京的繁华闹市，一切还保留明清六百年的市容规模。各个铺子门前柜台大都各具特征，金碧辉煌，斑驳陆离，令人炫目。临街各种饮食摊子，为了兜揽生意、招引主顾，金、石、竹、木的各种响器敲打得十分热闹，各种不同叫卖声，更形成一种大合唱，使得我这个来自六千里外小小山城的"乡下佬"，觉得无一处不深感兴趣。且由住处到大街，共有三条不同直路，即廊房头、二、三条。头条当时恰是珠宝冠服以及为明清两朝中上层阶级服务而准备的多种大小店铺。扇子铺门前罗列着展开三尺的大扇面，上绘各种彩绘人物故事画，内中各种材料做成的新旧成品，团扇、纨扇、摺子扇更罗列万千，供人选用。廊房二条则出售珠玉、象牙、犀角首饰佩件，店面虽较小，作价成交，却还动以千元进出。还到处可以看到小小作坊，有白发如银琢的玉器工人，正在运用二千年前的简单圆轮车床做玉器加工，终使它成为光彩耀目的珠翠成品。这一切，都深深吸引住我，使得我流连忘返。

当时走过前门大街进入东骡马市大街，则又俨然换了另一世界，另一天地。许多店铺门前，还悬挂着"某某镖局"三尺来长旧金字招牌，把人引入《七侠五义》故事中。我的哥哥万里寻亲到热河赤峰一带走了半年，就是利用这种镖局的保险凭证，坐骡车从古北口出关的！我并且还亲眼见到用两只骆驼抬一棚轿参差而行，准备上路远行。我还相信上面坐的不是当年的能仁寺的十三妹就可能是当时小报正在刊载、引人注目的北京大盗燕子李三！总之，这种种加起来，说它像是一个明清两代六百年的人文博物馆，也不算过分！至于向南直到天桥，那就更加令人眼花缭乱。到处地摊上都是旧官纱和过了时的缎匹材料，用比洋布稍贵的价钱叫卖。另一处又还拿成堆的各种旧皮货叫卖。内中还到处可发现外来洋货，羽纱、倭绒、哔叽、咔喇，过了时的衣裙。总之，处处都在说明延长三百年的清王朝的覆灭，虽只有十多年，黏附这个王朝而产生的一切，全部已报废，失去了意义。一些挂货店内代表王族威严的三眼花翎和象征达官贵族地位的五七叶白芝麻雕翎羽扇，过去必需二百两官银才到手的，当时有个三五元就可随时成交。

但是进出这些挂货铺，除了一些外国洋老太太，一般人民是全不感兴趣的。此外还有夜市晓市，和排日轮流举行的庙会，更可增长我的见闻。总的印象是北京在变化中，正把附属于近八百年建都积累的一切，在加速处理过程中。我在这个离奇环境里，过了约半年才迁到北京大学附近沙滩，那时会馆中人家多已生了小小煤炉。开始半年，在一种无望无助孤独寂寞里，有一顿无一顿地混过了。但总的说来，这一段日子并不白费，甚至于可说对我以后十分得益。而且对于我近三十年的工作，打下了十分良好的基础。可以说是在社会大学文物历史系预备班毕了业。但是由于学习方法和一般人不相同，所以帮助我迁移到北大红楼附近去住的表弟黄村生，还认为我迁近北大，可多接近些"五四"文化空气，性情会更开朗些。表弟年龄虽比我小两岁多，可是已是农业大学二年级学生，各方面都比我成熟得多。有了他，我后来在农大经常成为不速之客，一住下就是十天半月，并因此和他同宿舍十二个湖南同学都成了朋友。正如在燕大方面，同董秋斯相熟后，在那里也结识了十多个朋友，对我后来工作，都起过一些好影响。

我是受"五四"运动的余波影响，来到北京追求"知识"实证"个人理想"的。事实上，我的目标并不明确，理想倒是首先必须挣扎离开那个可怕环境。因为从辛亥前夕开始，在我生长的小小山城里，看到的就总是杀人。照清代法律，一般杀人叫"秋决"，犯死刑必由北京决定，用日行三百里的快驿"鸡毛文书"，急送请兵备道备案处理。行刑日，且必在道尹衙门前放三大炮。如由知事监护，且必在行刑后急促返回城隍庙，执行一场戏剧性的手续，由预伏在案下的刽子手，爬出自首，并说明原因。知事一拍惊堂木，大骂一声"乡愚无知"，并喝令差吏形式上一五一十打了一百板，发下了一两碎银赏号，才打道回衙，缴令完事。但是我那地方是五溪蛮老巢，苗民造反的根据地，县知事也被赋予杀人特权，随时可用站笼吊死犯小罪的苗民。我从小就看到这种残暴虐杀无数次，而且印象深刻，永世忘不了。加上辛亥前夕那一次大屠杀，和后来在军队中的所见，使我深深感觉到谁也无权杀人。尽管我在当时情况下，从别人看来工作是"大有前途"，可是从我自己分析，当时在一个军部中，上面的"长字"号人物，就约有四十三个不同等级长官压在我头上。我首先必须挣脱这种有形的"长"和无形的压力，取得完全自由，才能好好处理我的生命。所以从家中出走。有了自由才能说其他。到北京虽为的是求学，可是一到不久，就不作升学考虑。因为不久就听人说，当时清华是最有前途的学校，入学读两年"留学预备班"，即可依例到美国。至于入学办法，某一时并未公开招考，一切全靠熟人。有人只凭一封介绍信，即免考入学。至于北大，大家都知道，由于当时校长蔡元培先生的远见与博识，首先是门户开放，用人不拘资格，只看能力或知识。最著名的是梁漱溟先生，先应入学考试不录取，不久却任了北大哲学教授。对于思想也不加限制，因此陈独秀、胡适之、李大钊诸先生可同在一校工作。不仅如此，某一时还把保皇党辜鸿铭老先生也请去讲学。我还记得很清楚，那次讲演，辜先生穿了件缃色小袖绸袍，戴了顶青缎子加珊瑚顶瓜皮小帽，系了根深蓝色腰带。最引人注意的是背后还拖了一条细小焦黄的辫子。老先生一上堂，满座学生即哄堂大笑。辜先生却从容不迫地说，你们不用笑我这条小小尾巴，我留下这并不重要，剪下它极容易。至于你们精神上那根辫子，据我看，想去掉可很不容易！因此只有少数人继续发笑，多数可就沉默了。这句话给我留下十分深刻的印象。从中国近五十年社会发展来看看，使我们明白近年来大家常说的"封建意识的严重和泛滥"，影响到国家应有的进步，都和那条无形辫子的存在息息相关。这句话对当时在场的人，可能不多久就当成一句"趣话"而忘了。我却引起一种警惕，得到一种启发，并产生一种信心：即独立思考，对于工作的长远意义。先是反映到"学习方法"上，然后是反映到"工作态度"上，永远坚持从学习去克服困难，也永远不断更改工作方法，用一种试探性态度求取进展。在任何情形下，从不因对于自己工作的停顿或更改而灰心丧气，对于人的愚行和偏执狂就感到绝望。也因此，我始终认为，做一个作家，值得尊重的地方，不应当在他官职的大而多，实在应当看他的作品对于人类进步、世界和平有没有真正的贡献。

其实当时最重要的，还是北大学校大门为一切人物敞开。这是一种真正伟大的创举。照当时校规，各大学虽都设有正式生或旁听生的一定名额，但北大对不注册的旁听生，也毫无限制，因此住在红楼附近求学的远比正式注册的学生多数倍，有的等待下年考试而住下，有的是本科业已毕业再换一系的，也有的是为待相熟的同学去同时就业的，以及其他原因而住下的。当时"五四"运动著名的一些学生，多数各已得到国家或各省留学生公费分别出国读书，内中俞平伯似乎不久即回国，杨振声先生则由美转英就学，于三四年后回到武汉高等师范学校教书，后又转北大及燕京去教书。一九二八至二九年时清华学校由罗家伦任校长，杨振声任文学院长，正式改清华大学为一般性大学，语文学院则发展为文学院。

有人说我应考北大旁听生不成功，是不明白当时的旁听生不必考试就可随堂听讲的。我后来考燕大二年制国文班学生，一问三不知，得个零分，连两元报名费也退还。三年后，燕大却想聘我做教师，我倒不便答应了。不能入学或约我教书，我都觉得事情平常，不足为奇。正如一九二五年左右，我投稿无出路，却被当时某编辑先生开玩笑，在一次集会上把我几十篇作品连成一长段，摊开后说，这是某某大作家的作品！说完后，即扭成一团投入字纸篓。这位编辑以后却做县长去了。有人说我作品得到这位大编辑的赏识，实在是误传。我的作品得到出路，恰是《晨报》改组由刘勉己、瞿世英相继负责，作品才初次在《小公园》一类篇幅内发表。后来换了徐志摩先生，我才在副刊得到经常发表作品的机会。但至多每月稿费也不会过十来元。不久才又在《现代评论》发表作品，因此有人就说我是"现代评论派"，其实那时我只二十三四岁，一月至多二三十元收入，哪说得上是什么"现代评论派"？作品在《新月月刊》发表，也由于徐志摩先生的原因，根本不够说是"新月派"的。至于《小说月报》，一九二八年由叶绍钧先生负责，我才有机会发表作品。稍后《东方杂志》也发表了我的作品，是由胡愈之、金仲华二先生之邀才投稿的。到三十年代时，我在由施蛰存编的《现代》，傅东华编的《文学》都有作品。以文学为事业的因此把我改称"多产作家"，或加上"无思想的作家""无灵魂的作家"，名目越来越新。这些"伟大"批评家，半世纪来，一个二个在文坛上都消灭了，我自己却才开始比较顺利掌握住了文字，初步进入新的试探领域。

我从事这工作是远不如人所想的那么便利的。首先的五年，文学还掌握不住，主要是维持一家三人的生活。为了对付生活，方特别在不断试探中求进展。许多人都比我机会好、条件好，用一种从容玩票方式，一月拿三四百元薪水，一面写点儿什么，读点儿什么，到觉得无多意思时，自然就停了笔。当然也有觉得再写下去也解决不了社会问题，终于为革命而牺牲的，二十年代初期我所熟悉的北大、燕大不少朋友，就是这样死于革命变动中的。也有些人特别聪明，把写作当作一个桥梁，不多久就成了大官的。只有我还是一个死心眼笨人，始终相信必须继续学个三五十年，才有可能把文字完全掌握住，才可能慢慢达到一个成熟境地，才可能写出点儿比较像样的作品。可是由于社会变化过于迅速，我的工作方式适应不了新的要求，加上早料到参加这工作二十年，由于思想呆滞顽固，与其占据一个作家的名分，成为少壮有为的青年一代挡路石，还不如及早让路，改一工作，对于个人、对于国家都比较有意义。因此就转了业，进入历史博物馆工作了三十年。我今年七十八岁，依照新规定，文物过八十年即不可运出国外，我也快到禁止出口文物年龄了。……所以我在今天和各位专家见见面，真是一生极大愉快事。

从新文学转到历史文物

——九八〇年十一月二十四日在美国圣若望大学的讲演

各位先生、各位女士、各位朋友：

我是一个没有读过书的人，今天到贵校来谈谈，不是什么讲演，只是报告个人在近五十年来，尤其是从二十到三十年代，由于工作、学习的关系，多少一点儿认识。谈起来都是很琐碎的，但是接触的问题，却是中国近五十年来变化最激烈的一个阶段——二十年代的前期到三十年代。

我是从一个地图上不常见的最小的地方来的，那个地方在历史上来说，就是汉代五溪蛮所在的地方，到十八世纪才成立一个很小的政治单位，当时不过是一个三千人不到的小城，除了一部分是军队，另一部分就是充军的、犯罪的人流放的地方。一直到二十世纪二十年代，这小镇的人口还不到一万人，但是这小地方却驻了七千个兵，主要就是压迫苗民的单位。因此我在很小的时候，就有机会常见大规模的屠杀，特别是辛亥革命那段时间。这给我一个远久的影响——就是认为不应有战争，特别是屠杀，世界上任何人都没有权力杀别一个人。

这也就影响到我日后五十年的工作态度，在无形中就不赞成这种不公正的政治手段。到了我能够用笔来表达自己意见的时候，我就反映这个问题。但是社会整个在大动乱中间，我用笔反映问题的理想工作就难以为继了。照着原来的理想，我准备学习个五十年，也许可算是毕业，能做出点儿比较能满意的成绩。但是时代的进展太快了，我才学习了二十年，社会起了绝大的变化，我原来的工作不易适应新形势的要求，因此转了业，这就是近三十年来，我另换了职业的原因。

今天回看二十年代以来二十多年的中国文学的发展，真是问题太多了。我是在大学教这个问题，教了二十年，现在要把那么长一段时间的各种变动，压缩到不到一个钟头来讲，仅仅只能谈个大略的印象，所以会有很多欠缺的地方。现在，我们新国家有很多的有关"五四"以来的专著都在编写，我只能谈到很少的部分，即是与我的学习和工作有关的一部分。

我是一九〇二年生的，一九二三年到了北京。这之前，我当了五年小兵，当时所见的对我以后的写作有密切的关系。这段时间，正是近代中国史上所说最混乱、腐败的军阀时代，从地方上很小的军阀以至北京最大的军阀的起来和倒台，我都有比较清楚的印象。

刚到北京，我连标点符号都还不知道。我当时追求的理想，就是"五四"运动提出来的文学革命的理想。我深信这种文学理想对国家的贡献。一方面或多或少是受到十九世纪俄国小说的影响。到了北京，我就住到一个很小的会馆，主要是不必花钱。同时在军队中养成一种好习惯，就是，没有饭吃全不在乎。这可不容易，因为任何的理想到时候都要受损伤的。但是我在军队久了，学得从来不因为这个丧气。这也就是后来住到了北京大学附近，很快就得到许多朋友赞许的原因。北京的冬天是零下十几度，最低到零下二十多度，我穿着很薄的单衣，就在那里待下去了。别人不易了解，在我而言，却是很平常的。我从不丧气，也不埋怨，因为晓得这个社会向来就是这样的。

当然，仅是看看《红楼梦》，看看托尔斯泰的作品，是不会持久的。主要是当时一些朋友给我鼓励和帮助，包括三个大学：北京大学、燕京大学和农业大学。当我实在支持不下去的时候，我就靠着它们，做个不速之客。在这种情况下，有许多对社会有更深了解的人都觉得非革命不可。我是从乡下来的，就紧紧地抓着胡适提的文学革命这几个字。我很相信胡适之先生提的：新的文体能代替旧的桐城派、鸳鸯蝴蝶派的文体。但是这个工作的进行是需要许多人的，不是办几本刊物，办个《新青年》，或凭几个作家能完成，而是应当有许多人用各种不同的努力来试探，慢慢取得成功的。所以我的许多朋友觉得只有"社会革命"能够解决问题，我是觉悟得比较晚的，而且智能比较低，但是仍能感觉到"文学革命"这四个字给我印象的深刻，成为今后文学的主流。按照当时的条件来讲，我不可能参加这样的工作，我连标点符号还不懂，唯一的可能是相信我的一双眼睛和头脑，这是我早年在军队生活里养成的习惯，对人世的活动充满了兴趣。

恰好住的地方是北京前门外一条小街上，向右走就是文化的中心，有好几百个古董店。现在看来，可以说是三千年间一个文化博物馆。大约十五分钟就可从家走到那里，看到所要看的一切。向左边走二十分钟又到了另外一个天地，那里代表六个世纪明朝以来的热闹市集，也可以说是明清的人文博物馆。因为这个时期仅仅隔宣统逊位十二年，从十七世纪以来，象征皇朝一切尊严的服装器物，在这里都当成废品来处理，像翡翠、玛瑙、象牙、珍珠等，无所不有。一面是古代的人文博物馆，上至三四千年前的东东西西；一面是前门的大街，等于是近代的人文博物馆。所以于半年时间内，在人家不易设想的情形下，我很快学懂了不少我想学习的东西。这对我有很深的意义，可说是近三十年我转进历史博物馆研究文物的基础。因为，后来的年轻人，已不可能有这种好机会见到这么多各种难得的珍贵物品的。

按照社会习惯来说，一个人进了历史博物馆，就等于说他本身已成为历史，也就是说等于报废了。但对我来说，这是一个机会，可以具体地把六千年的中华文物，劳动人民的创造成果，有条理、有系统地看一个遍。从个人来说，我去搞考古似乎比较可惜，因为我在写作上已有了底子；但对国家来说，我的转业却是有益而不是什么损失，因为我在试探中进行研究的方法，还从来没有人做过。

我借此想纠正一下外面的传说。那些传说也许是好意的，但不太正确，就是说我在新中国成立后，备受虐待、受压迫，不能自由写作，这是不正确的。实因为我不能适应新的要求，要求不同了，所以我就转到研究历史文物方面。从个人认识来说，觉得比写点儿小说还有意义。因为在新的要求下，写小说有的是新手，年轻的、生活经验丰富、思想很好的少壮，能够填补这个空缺，写得肯定会比我更好。但是从文物研究来说，我所研究的问题多半是比较新的问题，是一般治历史、艺术史、做考古的，到现在为止还没有机会接触过的问题。我个人觉得：这个工作若做得基础好一点儿，会使中国文化研究有一个崭新的开端，对世界文化的研究也会有一定的贡献。因为文化是整体的，不是孤立的。研究的问题上溯可到过去几千年，但是它新的发展，在新的社会，依然有它的用处。这并不是我个人有什么了不得的长处，主要还是机会好，条件好。在文物任何一部门：玉器、丝绸、漆器、瓷器、纸张、金属加工……都有机会看上十万八万的实物。

那时又正当我身体还健康，记忆力特别好的时候。可惜我这次出国过于匆忙，没来得及带上一些小的专题来与各位讨论。若将来有机会我能拿我研究中比较有头绪的一二十个专题来，配上三五十个幻灯片，我相信各位一定会有兴趣的。

因为我们新的国家，对文物的管理和保护都有明文规定，随着国家工业、农业的建设，已大规模地发现古物。整个来说就是把中国的文化起源，往前推进了约两千年。根据最近的发现，大约在四千年前就懂得利用黄金，同时也有了漆器、丝绸的发明，而且也知道那时候服饰上的花纹设计。我的工作就是研究这四千年来丝绸上花纹的发展。因为研究丝绸的关系，也同时使我研究起中国的服饰基本图案。最近已出版了一个集子，将来很可能会另外出些不同问题的专书。我今年已七十八岁了，在我兴趣与精力集中下，若是健康情形还好，在新条件下我至少可望还工作五六年。

我举个大家会感兴趣的例子：在商朝，大约是公元前十六世纪，从新出土文物中，就知道女士们的头发是卷的。因为材料多，我研究是用新的方法来做，先不注意文献，只从出土的材料来看问题；不谈结论，先谈实物，以向各部门提供最新资料。这只算是为其他各研究部门打打杂，做后勤工作，说不上什么真正研究的成绩。

现在在国外的朋友以及在台湾的兄弟们，希望各位有机会回去看看。每个人都知道中国有所谓《二十五史》，就没有人注意现在从地下发掘的东西，比十部《二十五史》还要多。那些有兴趣研究中国文化史、艺术史与工艺史的朋友，都值得回去看看。任何部门都有大量的材料，存放在各省博物馆的库房里，等待有心人来整理和研究。这大多数都是过去文献上从没提到的，我们也只是进行初步的探索。但这工作明显需要大量的对中国文化有兴趣的朋友来共同努力。这种研究的深入进展，十分显明是可以充实、丰富、纠正《二十五史》不足与不确的地方，丰富充实以崭新内容。文献上的文字是固定的、死的，而地下出土的东西却是活的、第一手的和多样化的。任何研究文化、历史的朋友，都不应当疏忽这份无比丰富的宝藏。

可惜的是，到目前为止，中国本身的事情太多了，再加上最近十年的动乱，许多工作有点儿来不及注意处理。直到最近几年才给予它应有的注意。在座中大约有研究明清史料的。仅就这个问题而言，我们尚有一千万件历史档案有待整理和研究。根据中国社会科学院历史研究所的同事说，光是这方面就需要有一百个历史研究员研究一百年。

大家都知道敦煌、龙门、云岗三个石窟，是中国中古以来的文化艺术的宝藏。其实还有更多的史前和中古近古的壁画出土，将来都会逐渐公之于世的。照过去的习惯，我们多以为对汉唐文物已知道了很多；但从新出土的文物来比证，就发现我们从前知道的实在还太少。例如在文献上虽常常提及唐代妇女的服饰，但它究竟是怎么回事，实并不明确。因为文献只有相对可靠性，不够全面。那么现在不甚费力就能分辨出初唐（武则天时代）、盛唐（杨贵妃时代）与晚唐（崔莺莺时代）妇女服饰基本上的不同。所以这些研究从大处说，不仅可以充实我们对于中国民族文化史的知识；从小处说，也可以帮助我们纠正对许多有名的画迹、画册在年代上的鉴定。这也就是我虽快到八十岁，根本没想到退休的原因。我希望最少能再做十年这种研究，而且将来能有机会拿文物研究中一些专题向在座各位专家朋友请教。

刚才金介甫教授对我的工作夸奖似太过了，我其实是个能力极低的人，若说有点儿好处，那就是揪住什么东西就不轻易放过。这是金岳霖教授对我的评语。我也希望再用这种精神，多研究个五年、十年。至于我的文学作品，应当说，都早已过时了。中国情况和世界其他国家的情况不同，它变化得太快了，真如俗话说的："三年一小变，十年一大变。"我的一切作品，在三十年前就已过时了。今天只能说，我曾在文字比较成熟的三十年代前后，留下一些社会各方面的平常故事。现在已是八十年代！

许多在日本、美国的朋友，为我不写小说而觉得惋惜，事实上并不值得惋惜。因为社会变动太大，我今天之所以有机会在这里与各位谈这些故事，就证明了我并不因为社会变动而丧气。社会变动是必然的现象。我们中国有句俗话说："塞翁失马，焉知非福！"在中国近三十年的剧烈变动情况中，我许多很好很有成就的旧同行、老同事，都因为来不及适应这个环境中的新变化成了古人。我现在居然能在这里很快乐地和各位谈谈这些事情，证明我在适应环境上，至少做了一个健康的选择，并不是消极的退隐。特别是国家变动大，社会变动过程太激烈了，许多人在运动当中都牺牲后，就更需要有人更顽强坚持工作，才能够保留卜一些东西。在近三十年社会变动过程中，外面总有传说我有段时间很委屈、很沮丧；我现在站在这里谈笑，那些曾经为我担心的好朋友，可以不用再担心！我活得很健康，这可不能够作假的！我总相信：人类最后总是爱好和平的。要从和平中求发展、得进步的。中国也无例外这么向前的。

（听众问）：

请问沈老，您最近出版的第一部大作，可在什么地方买到？

（沈先生答）：

最近在香港印行的是有关服饰的。这部稿子在"文化大革命"期间几乎被烧掉。书名是《中国古代服饰研究》，是当时周恩来总理给我的一个任务，在一九六四年就完成了。有二十多万字说明，四百多张图片，从商朝到清初，前后有三千多年。不久将来或许将有英、日译文本了。但里面应用的材料可能太深了点儿，不大好懂，在翻译中将有些删减。我倒希望有些版本能不删减，可作为研究资料用；许多问题还有待讨论。

我的第二个文物集子也在进行中，到底是用断代好呢？还是分类好？现在还没决定。这工作现在来做，条件实在很好，也得到相当多的经费，给了两个副研究员的名额，但助手选择也并不容易，他必定要知道历史，知道文物，必须具有各方面的知识，还得有文学和艺术知识，才能综合资料，提出新的看法。这种人员的训练很不容易。资料分散在全国各地，一切东西都是崭新的。举例来说：过去我们以为铜器上的镶金银是源于春秋战国时代，现在知道在商朝就有了。另外，我还对于中国使用镜子用了点儿心，二十多年前编过一本《唐宋铜镜》。镜子，过去也以为是春秋战国产物，现在出土的商朝镜子就有七八面，三千三百年前就有镜子了。

又如马王堆出土的花纱衣服，一件只有四十八克重，还不到一两。像同样的文物，中国近代出土的实有万千种。工艺上所达到的水平，多难于令人设想的精美。许多工作都在进行中。我们大家对秦始皇墓中的兵马俑都很感兴趣，在中国，类似的新文物有很多很多。另外朱洪武第十七太子在山东的陵墓，大家以为是明朝初年的，其实也并不全是，我们搞服装的从大量殉葬泥俑就知道，当差的服装多半还照元朝的官服，牵马人的服装又是照宋朝的官服。原因是中国历来各朝代常将前一朝代最高贵品级的服饰，规定为本朝最低贱人的服饰，表示对于前一朝代的凌辱。又如北朝在洛阳建都，力求华化，帝王也戴"漆纱笼冠"，一直沿用下来，但到了唐朝，漆纱笼冠都是较低品级的官吏服用。这就是我说的，我虽"不懂政治"，但这些涉及政治的问题，却不能不懂一点儿（幸好只懂得这么一点点，要懂得稍多，这时我也许不会到这里来谈话了）。

○ ○ ○ 在湖南吉首大学的讲演

——九八二年五月二十七日

谢谢各位，我实际上算不上什么作家，说我是考古专家，也不是的。可以说，六十多年前，我是打烂仗出去的。二十五年前回来时，住在龙再宇同志家里，住了三天。这次回来，想看看家乡，向各方面学习。

我不会说话，一直如此，三几个人谈天还可以，遇到人多的时候，我就变成了哑巴，说不出什么。在座的有永玉同志、萧离同志，他们说说感受，一定比我深刻得多。

我只是和各位交谈，请求不要录音。

谈文学我是没有资格了，现在情况和我们那个时代不同，我是三十年代的，而且还算是二十年代的了。人家讲三十年为一世，已经是一世多了，所以现在谈不出所以然，谈不出什么要点了。

谈考古，也没有什么，我在博物馆工作三十多年，做的是一些琐琐碎碎的工作。主要按毛主席说的"为人民服务"。我特别觉得这几个字有意义。其次是"古为今用"。我对这几个字感到有点儿体会，所以，我才不声不响地在博物馆做了三十年。"四人帮"倒台以后，把我调到社会科学院，重新再工作，出了本书，外面讲是中国服装史，其实不是，主要是资料性的、试探性的，提出一些问题，得到各家的好意，香港已经出版，大家觉得还像本书，实际上是一本很笨的书，大而不当的书，重到九磅，拿都拿不动。今年有第二版，希望印到大约五磅重，再送大家一本。〔"感谢沈老"！（鼓掌）〕都是些常识性的，这三十年，在博物馆见得比较多，提出一些问题，不过，在国内是个开端。

这几年，有机会稍微把过去旧作重印出来，都是过去的东西，大多数是五十年前、四十年前的东西了，写的是过去的社会，如果说还有点儿用处，可以看出新社会的伟大。

提到过去，我们这个地方，六十年前，遍地是鸦片烟。鸦片烟那时三毛钱一两，称鸦片烟是用称肉那种秤称的，算个烟国。新旧社会对照，新社会的伟大，新的成就很明显，一天天变了。

吉首大学这个学校，我个人很希望它更快成为对湘西、对自治州特别有贡献的崭新的学校。我相信各位一定做得到的。特别是在我的本行，大概是历史文物方面，我个人认为保存的东西比较多，这个条件特别好，许多（东西）引起外头人注意，这是必然的，相信过一阵更会引起全世界的注意，这是应当的。

我还是说话毫无准备，最好是请永玉和萧离谈谈，特别是萧离同志谈。〔萧离："今天主要目标是你，我们是前呼后拥来的。""别人向他约稿他不写，推到我！"（笑声）〕永玉同志大家知道，是湘西的光荣，希望我们同乡中不断地有这种画家出现，相信一定会有。

我就说到这里为止，对不起，讲得汗流浃背了。（笑声、掌声）

〔萧离："沈老是文学家、考古学家，但不是演说家！"（笑声）"是不是大家随便提问，他老人家肚子里装的东西太多了，要这么挤、挤、挤出来，要什么拿什么。"（笑声）〕

〔大家请黄永玉谈，黄永玉摇手："手艺人，不会讲！"（笑声）"今天下午我转回去，画张不像样的画送给大家吧！"（掌声）〕

（吉首大学参加座谈的人提问，提及沈老成就的事，沈老继续发言）

　　我是毫无成就的，我到北京，当时连标点符号也不晓得，去那里，是想摆脱原来那个环境，实际上打算很小，想卖卖报纸，读读书。一到这个地方，才晓得卖报纸没有机会，卖报纸是分区分股的，卖报不行。后来发现，连讨饭也不行，北京讨饭规定很严，一个街道是一个街道的，一点儿不能"造反"！（众笑）不过，我得到一个传统的便宜，过去，为了科举的方便，设有会馆，我们湘西，有个酉西会馆，上湘西的，是张世准先生办的。他是花垣人，画画的，作诗也行。我一去，就在酉西会馆住下来，因为按规定不要花钱。幸好，我亲舅舅、永玉的祖父，他在香山慈幼院做事，有个关照。

　　更重要的是北京从"五四"以来学校开门的情况。现在大家提到蔡元培先生伟大的地方，有一点不大提及，都只讲学校为教授开门，选教授不考虑资格，这点当时是著名的。梁漱溟先生考不起北大，两年后，被聘在北大教书。其实，据我的记忆，不止这点。北大对学生也开门，我个人认识，这影响很大。北大搞文学革命最有影响，当时的刊物《新青年》销路并不大，几千份，可是它分布范围广。当时一般刊物都只销几千份，销路最大的是《小说月报》，一万份。北大为学生开门，很方便，我不是学生，也可以去北大随便听课。教员有这么个习惯，谁听课听得好，考试他也给你分数，他不问你是哪个系的，把你也算进去，也可以拿奖励，三毛五分钱，我也就得到这个便宜。

　　大概有两年，我是穿单衣过冬的。在北京，穿单衣过冬，算是个考验！零下二十几度嘛！（众笑）不久，我就得到各方面的赞助，我想，他们绝对不是认为我是什么"天才"，他们大概都欣赏我这个气概，凤凰人嘛，我又在军队里混了五年，什么都不在乎，冬天穿单衣，也不觉得寒伧。北京还有个好处，习惯朴实，所以我这个穷学生，很快就同清华的、北大的、燕大的、农大的一些人熟了，遇到困难，得他们帮助，有时就到人家那里吃饭，这，大概也得力于那个"不在乎""无所谓"。有个朋友，碰到星期天，他就带我到那个小摊摊吃饭。有时，我也免不了挨饿。

那个时代，政治腐败，物价乱涨。政府部门，凡属自己保管的，他都可以卖，譬如管市政的，他管城墙，就可以借故拆城砖卖，拿钱发薪水。最次的是教育部，在我们看来，没有东西可卖。但它也可以把善本书抵押到银行，拿钱来发薪。当时北京社会，就是这么个社会。当时在北京有八百议员。维持北京市面繁荣的，一部分就是这八百议员。再就是军阀，军阀一做生日，就花上几万块。当时北京，满地萧瑟，就是这么个局面。

在相熟的人中间，有个人要去黄埔。按规矩，到上海后就可解决去广州的问题，到上海去，大概要三十块钱左右，大家就凑钱给他。这，是一部分有志气的。有一部分就不去，光想守在西边。我在家乡军队里做了几年，一天所见就是杀人，所谓"清乡""剿匪"，其实乱杀人，没有看到一点儿光明和希望。我政治水平也低，我想，也不能出去，没有那么个勇气，就留下来了，一天天过下去。

至于说到做文章、做学问，我这个人就糟糕透了，直到现在还有不少字认不得。不仅当时不懂得标点文法，现在还是不懂标点文法，说我是个知识分子，那是个错误，我是个假知识分子！（众笑）

当时，有机会让我学写文章，我也就学起来，实际上，困难多，有时也实在没有出路，吃饭也成问题。北京当时什么奉系、直系军阀，一个排长什么的，在枪口上插个"招兵委员"的旗子，我也跟着他们后头跑，走到天桥杂耍棚那边，到旅馆了，要按手印，发伙食费时，我又溜了，（众笑）有好几回是这样。所以，说坚强，说不上，形势所追，使我简直难于动弹。

到了文章有了点儿出路，人家说我有什么"天才"，其实，我文化是最低级的，我是最不相信"天才"的，学音乐或者什么别的也许有，搞文学的，不靠什么天才，至少我是毫无"天才"，主要是耐心耐烦，改来改去，磨来磨去。我文章大概发表了不少，但文字成熟得很晚，直到一九二九年后才比较成熟，比较通顺。一九三〇年到一九三五年，这几年写得比较顺利。有人不是骂我是"多产作家"吗？那时，要解决生活问题，有时不得已，不是好现象。

当时，我们许多曾在一起的，有的有机会、有熟人进清华念两年，再到美国两年，回来得个博士，每月就可拿四百块钱。我算是第一个职业作家，最先的职业作家，我每个月收入从来不超过四十块钱。直到一九二八年后，到学校教书了，每个月才拿到一百块钱。那生活，比你们想象的要困难些。我唯一的一点儿好处，有个习惯，向前走了，就不回头。本来，我给家乡亲戚、老上司写个信、要点儿钱，有什么要紧？可我觉得硬扎一点儿好。

说当时书店对作家有什么好处，也看不出，一九二八年以后，新书店还能维持，全靠剥削作家。照例，我一本书稿，连版权也卖给人家，只一百块钱。对这，我也不在乎。我总觉得，要搞新文学，要用它代替文言文的影响，或者晚清文言文的不良影响，代替鸳鸯蝴蝶派式的文字，能在国内和国际上胜任文学革命所说的要求，成为一个独立的单位，大概每个人应该有几十年的努力，做各方面的试验，才有点儿希望。不是几个人，有个团体，办个杂志，一起哄就成的。一定要每个人写几十本书才能见效。这个想法当然好，照这样做的，恐怕就为数不多。因为在有的人看来，写下去，要时间，也解决不了社会问题；一些对革命有认识的，到武汉去了，后来大部分牺牲了。另外一批，身份不同一点儿的，做官去了。我不中用，也不机敏，有凤凰人的固执，只想在文学上"试验"下去。

再说，我讲话这个家乡口音永远改不脱，人家听起来，觉得怪里怪气。〔"我们越听越亲切"！（笑声）〕我有个亲戚，燕京的，他是文字改革的专家，讲语言学的，我们相识五十年，只听懂我讲的十分之三四，可想见我的话不好懂。他说我语言低能。所以，教书也很不适应，每次都只好用写作来代替我的教学，试验各种各样的写法，写了许多作品，有时好点儿，有时不好，不好又换个方法，是试验，失败也是意料中的事。不仅是一篇文章，一本书也是这样。一九三五年印我的选集时，大约是从三十个本子里抽选出来的，我还是叫它为"习作选"。为什么，我觉得，习作五十年，我才有机会、有资格按照我的理想来写，前面部分都只是习作。但是，社会变化太快了，所以，很快我这个习作资格也不够了，社会大变化了，我还能用个老腔调在那里唱吗！那社会怎能承认呢？跟不上了，我在写作上，实际是失败了。

要紧的是学习，但学习上我也很差，可以说只学习了十一个字，就是"为人民服务""实践""古为今用"。对这十一个字，我认识得具体。凡是抽象的带点儿务虚性的，我总是弄不通，总是理解得很差，也很容易犯错误。所以，到社会大变革后，我就转到博物馆去了。转到博物馆，不知不觉过了三十年，说是为人民服务，实际上是向人民学习。三十年来，机会也好，能见到比较多的实物，绫罗绸缎、坛坛罐罐、花花草草，总是十万八万的，机会和条件都好，也很有兴趣，而且特别有兴趣的是毛主席提到的"古为今用"。地下的东西，发现得越来越多，个人在这些东西间不知不觉就过了三十年。至于说到我是专家，万万不能相信，就只有一些常识，各方面有点儿常识。由于我的金文底子不好，常识也只限于汉代以后，以前的就少了。现在编了一本书出来，也还是党的鼓励，是科学院得到周总理同意让我来编的。所以，我也就大胆地接了过来，得到各方面的帮忙，大概一九六四年就编了出来。可是，很快大运动就来了，这书稿也几乎烧掉。幸好，竟保存下来，"四人帮"倒后，我被调到科学院，帮我设立一个服饰研究工作组，给了我一些工作条件，这书总算勉强完成了，印出来，各方面认为还像本书，寄托了很大希望。实际就我个人理解，它还是很粗糙的，充满了实验性和试探性的。多半是从实物出发解决问题的。这次回去后，就是要进一步修订再版。刚才有同志说我是专家，万万不要相信。等于我那个写作，写作我应当承认是失败了。

我这个人好像脑子有点儿毛病似的，我有几个同事，那真正称得上天才，人家写完了一个字不改，印出来很像个东西，烧掉后重写，又同原来一样。至于我，写东西是一个个字改出来的。所以，假定我的书烧掉了，我连书名字也记不得！（众笑）

我的书，在五三年时，曾因从书店看来是过时的，便代为烧掉了。台湾一直禁止出我的书，到现在还没有解禁。现在有机会重印些出来，是香港一些不认识的朋友帮寄了些来。香港这个地方杂一点儿，我过去写的东西也还找得出。他们给我寄了五十本来，我才能编个选集，对这个选集也不宜寄托大的希望，因为写的都是五十年前的事，过时了。譬如写到我家乡的地方，除景色以外，社会面貌基本上是变了。只能当成反面材料，用来对照，看到我们新社会的可喜，看到我们这小地区人过去的痛苦的情况。

也有人说：你把湘西，你的家乡刻画得太美了。可他们到了湘西，又都同意，说湘西是不错。特别是我们湘西人的爽快、热情、爱好朋友、做事情坚韧方面，得到大家认可和好评。

由于大家提到我过去写作的事，我的话也就多了点儿，很对不起大家。爱好我的朋友，特别是搞中国文学的，不要把我当成研究对象，这个事情，很快就会过去的，我是个过时的人，完全说不上有什么成就，在社会上，虚名过实地混了六十年，混不出什么来。

刚才有位老师提到这地方历史文物问题，我看了几期《吉首大学学报》，对几篇文章，很感兴趣。关于西水流域悬棺葬问题，由于我在博物馆，这方面不是专门，只略有常识。这是个大问题，过去没有人接触过。它很能解决古代我们这个云梦泽的一些问题。我们这带，是太史公看不起的荆蛮之地。过去，许多人总是受《史记》的影响，讲这地方筚路蓝缕，破破烂烂，什么都没有。其实，现在从出土文物来看，最多接受商文化的倒是楚国。……据说，湘西一带许多悬棺都被人盗过，成了空棺，空棺也不要紧，只要捡得些东西的碎片，也可以推断它的年代，这个工作，很值得自治州这方面给予人力，有组织地进行。它有助于解决巴文化与楚文化关系问题。这是我个人看法。

听说大庸还发现一批，很值得有人去研究，甚至我们这个吉首大学也可以有计划地培养这方面的人，给他们以助力，让他到研究单位学习，来解决这个问题。因为楚文化研究是个大事情。

我到江陵去过。那里至少还有几千座如山的大坟，几千座小坟可挖。全部鄀州，原来以为是被人打进来焚毁了。"哀鄀"嘛，说焚掉了。现在探查结果，是埋进了地下，埋在水田下面，是湮没而不是烧毁了。因为没有发现灰，没有烧掉的痕迹。这个有利于研究中古的（春秋到战国）文化。不过，现在简直没有法子挖。不敢挖。搞我们这一行的太少了。据我今年参观的部分已出土的东西，有些锦缎，在中国现在已发现的锦缎中，是最早的。与我们土家族织锦的提花方法有某些近似，这个材料还没有公开，很快就要公开吧。挖这个坟的人，其中有我的一个助手，是曾经参加过挖马王堆的。

　　说到我们湘西土家族苗族原始文化，文献也有限，恐怕也还得注意原始纺织技术的研究，如果我们州博物馆还能像个样子，多收集一点儿这一方面的资料，有地方性，这样也就会具有国际性。（插话："沈老，沅水一带也发现有楚墓。"）是，常德德山一带就有，在澧水一带还发现一个"龙山文化"，还不曾公开。实在值得多培养这方面的研究人员，我搞这个搞了几十年，晓得全国性的专门搞这一行的只两百多人，远远不够。现在文物所要改成一个文物局，放到文化部，人不足，我们都感到棘手。再过若干年，管文物肯定得设立一个部，了不起呀！我们地面上只有一部《二十五史》，地底下有一百部《二十五史》！

　　值得有人对我们国家无比丰富的文物产生兴趣。基础差点儿不要紧，慢慢学嘛。吉首大学学生中有对文物喜爱的，要鼓励他考研究生。考不起也不要紧，我来带！

　　〔（热烈鼓掌）"感谢沈老！"〕

刘一友 记录整理

原载《吉首大学学报》（社会科学报）一九八五年第三期

回忆录

○ ○ ○ 我怎么就写起小说来 [1]

沈从文

一 星星之火

年前九月里，我过南京有事，看了个文化跃进展览会，因为特殊情形，只能用一个多钟点，匆匆忙忙地从三大楼陈列室万千种图表物品面前走过。留在印象中极深刻的，是农村广大人民群众戏剧和诗歌创作的活动。记得搁在二楼陈列案上有三个大蒲包，每个蒲包都装得满满的，可能有二三十斤重。这种蒲包向例是装江南农村副产物菱芡、笋干、芋艿或盐板鸭等，这回也并不完全例外，原来装的是大跃进后江苏省×县×乡一种崭新的农业副产物，有关人民公社化后生产大跃进的诗歌！每一包中都有几万——或过十万首来自农村，赞美生活、歌颂集体、感谢共产党

---

[1] 本文已发现的初稿片段，写在一九五九年十月底一封来信的背后。根据另一完成稿，文章于当年十二月写完。成稿的首页和末页均注有"原稿用后望能赐还"字样。当时什么刊物由于什么原因没有发表它，尚未见文字记载。作者随后再次改写重抄，修改稿估计写于一九六〇年一或二月间，终未完成而放弃了。这里所发表的文字，是根据修改稿和较早写的完成稿整理，除做校勘外，并对一些重复叙述语句，做了少量删削。全文保持了两稿的整体原貌。

毛主席的素朴而热情的诗歌，正和屏风墙上五彩鲜明的新壁画一样[1]，反映的全是中国农村新面貌。事情是崭新的，诗歌内容感情也是崭新的，让我们可体会到，此后全国广大土地上，凡有草木生长处，凡有双手劳动处，到另外一时，都可望长出茂盛的庄稼、硕大的瓜果，和开放万紫千红的花朵。同时，还必然可看到无数赞美劳动伟大成就的崭新壁画和诗歌，这还只不过是一种新的起始，已显明指示出今后社会发展的必然。古话说："星星之火可燎原。"这些正是祖国新的文化建设全面发展的星火。它和大小炼铁炉一样，在全国范围内燃起的红光烛天的火焰，将促进我国工业发展的速度，改变工业建设的布局，和科学文化发展的面貌。到不久的将来，地面将矗起长江三峡能发电二千五百万千瓦的大水坝，而且还一定会把巨大的人造卫星送上天空！人人都会作诗，诗歌将成为人类向前一种新的动力，使得十三亿只勤劳敏捷的手，在一定计划中动得更有节奏。任何一伟大的理想，到时也都可望成为现实！这些诗歌给我的启发是这样的。

　　我对于这些新的诗歌发生特别感情，除上述种种外，还有另外一个原因，即四十年前，最初用笔写作，表示个人情感和愿望，也是从作诗起始的。不过作诗心境可完全不同，因为距今已将近半个世纪，生活的时代和现在比，一个是地狱，一个是天堂，完全是两个时代，两种世界。

---

[1]　当时城乡曾普遍提倡"诗画满墙"，以配合"大跃进"等。

二　我在怎样环境中受教育

我生于一九〇二年，去太平天国革命还不多远，同乡刘军门从南京抢回的一个某王妃做姨太太还健在。离庚子事变只两年，我的父亲是在当时守大沽口的罗提督身边做一名小将。因此小时候还有机会听到老祖母辈讲"长毛造反官兵屠城"的故事，听我父亲讲华北人民反帝斗争的壮烈活动和凄惨遭遇。随后又亲眼见过"辛亥革命"在本县的种种。本地人民革命规模虽不怎么大，但给我印象却十分现实，眼见参加攻城的苗族农民，在革命失败后，从四乡捉来有上千人死亡，大量血尸躺在城外对河河滩上。到后光复胜利，旧日皇殿改成陆军讲武堂，最大一座偶像终于被人民推翻了。不多久，又眼见蔡锷为反对袁世凯做皇帝，由云南起义率军到湘西麻阳芷江一带作战，随后袁世凯也倒了……这些事件给我留下那么一个总印象，这个世界是在"动"中，地球在"动"，人心也在"动"，并非固定不移，一切必然向合理前进发展。衙门里的官，庙宇中的菩萨，以至于私塾中竖起焦黄胡子，狠狠用楠竹板子打小学生屁股的老师，行为意图都是努力在维持那个"常"，照他们说是"纲常"，万古不废的社会制度和人的关系，可是照例维持不住。历史在发展，人的思想情感在发展，一切还是要"动"和"变"。试从我自己说起，我前后换了四个私塾，一个比一个严，但是即使当时老师板子打得再重些，也还要乘机逃学，因为塾中大小书本过于陈旧，外面世界却尽广阔而新鲜！于是我照例常常把书篮寄存到一个土地堂的土地菩萨身后，托他照管，却撒脚撒手跑到十里八里远乡场上去看牛马牲口交易，看摆渡和打铁，看打鱼榨油和其他种玩意儿，从生活中学到的永远比从旧书本子学的，既有趣味又切实有用得多。随后又转入地方高小，总觉得那些教科书和生活现实还是距离极大。学校中用豌豆做的手工，就远不如大伙到河边去帮人扳罾磨豆腐有意思。因此勉强维持到县里高小毕业，还是以野孩子身份，离开了家，闯入一个广大而陌生的社会里，让生活人事上的风吹雨打，去自谋生存了。

初初离开了家，我怎么能活下来？而且在许多可怕意外变故中，万千同乡同事都死去后，居然还能活下来，终于由这个生活教育基础上，到后且成为一个小说作者？在我写的那个自传上，曾老老实实记下了一些节目。其实详细经过，情形却远比狄更斯写的自传式小说还离奇复杂得多。由于我们所处的时代社会，也离奇复杂得多。这里且说说我飘荡了几年后，寄住在一个土著小小军阀部队中，每天必待人开饭后，才趋趄走拢去把桌上残余收拾扫荡，每晚在人睡定后，才悄悄睡下去，拉着同乡一截被角盖住腹部免得受凉。经过约半年光景，到后算是有了一个固定司书名分了。

一九一九年左右，我正在这个官军为名、土匪为实的土军阀部队里，做一名月薪五元六毛的司书生。这个部队大约有一百连直辖部队，和另外几个临时依附收编的特种营旅，分布于川湘鄂边境现属湘西土家族苗族自治州十多县境内，另外，自治州以外的麻阳、沅陵、辰溪、桃源，以及短时期内酉阳、秀山、龙潭也属防军范围。统归一个"清乡剿匪总司令"率领。其实说来，这一位司令就是个大土匪。部队开支省府照例管不着，得自己解决，除所属各县水陆百货厘金税款，主要是靠抽收湘西十三县烟土税、烟灯税、烟亩税、烟苗税和川黔烟帮过境税。鸦片烟土在这个地区既可代替货币流行，也可代替粮食。平时发饷常用烟土，官士赌博、上下纳贿送礼全用烟土。烟土过境经常达八百挑一千挑，得用一团武装部队护送，免出事故。许多二十多岁年轻人，对烟土好坏，只需手捏捏鼻闻闻，即能决定产地和成分。我所在的办公处，是保靖旧参将衙门一个偏院，算是总部书记处，大小六十四个书记，住在一个大房间中，就地为营，便有四十八盏烟灯，在各个床铺间燃起荧荧碧焰，日夜不熄。此外由传达处直到司令部办公厅，例如军需、庶务、军械、军医、参谋、参军、副官、译电等处，不拘任何一个地方，都可发现这种大小不一的烟灯群。军械和军需处，经常堆积满房的，不是什么弹药和武器装备，却是包扎停当等待外运的烟土。一切简直是个毒化国家、毒化人民的小型地狱，但是他们存在的名分，却是为人民"清乡剿匪，除暴安良"。被杀的人绝大部分是十分善良或意图反抗这种统治的老百姓！

　　我就在这样一个部队中工作和生活。每天在那个有四十八盏鸦片烟灯的大厅中，一个白木办公桌前，用小"绿颖"毛笔写催烟款查烟苗的命令，给那些分布于各县的一百连杂牌队伍，和许许多多委员、局长、督查、县知事。因为是新来的人，按规矩工作也得吃重点。那些绝顶聪敏同事，就用种种理由把工作推给我，他们自己却从从容容去吸烟、玩牌、摆龙门阵。我常常一面低头写字，一面听各个床铺间嘘嘘吸烟的声音，和同事间谈狐说鬼故事，心中却漾起一种复杂离奇不可解的感情。似乎陷入一个完全孤立的情况中，可是生活起居又始终得和他们一道，而且称哥唤弟。只觉得好像做梦一样，可分明不是梦。

　　但一走出这个大衙门，到山上和河边去，自然环境却惊人地美丽，使我在这种自然环境中，倒极自然把许多种梦想反而当成现实，来抵抗面前另外一种腐烂怕人的环境。

　　"难道世界上还有比这些人更奇怪的存在？书上也没有过，

这怎么活得下去？"

事实上当时这些老爷或师爷，却都还以为日子过得怪好的。很多人对于吸大烟，即认为是一种人生最高的享受。譬如我那位顶头上司书记长，还是个优级师范毕业生，本地人称为"洋秀才"，读过大陆杂志和老申报，懂得许多新名词的，就常常把对准火口的烟枪暂时挪开，向我进行宣传："老弟，你来吸一口试试吧。这个妙，妙，妙！你只想想看，天下无论吃什么东西都得坐下来吃，只有这个宝贝是睡下来享受，多方便！好聪敏的发明，我若做总统，一定要给他个头等文虎章！"

有时见我工作过久，还充满亲切好意，夹杂着一点儿轻微嘲笑和自嘲，举起烟枪对我殷勤劝驾："小老弟，你这样子简直是想做圣贤，不成的！事情累了半天，还是来唆一口吧。这个家伙妙得很！只要一口半口，我保你精精神神，和吃人参果一样。你怕什么？看看这房里四十八盏灯，不是日夜燃着，哥子弟兄们百病不生！在我们这个地方，只能做神仙，不用学圣贤——圣贤没用处。人应当遇事随和，不能太拘迂古板。你担心上瘾，哪里会？我吸了二十年，想戒就戒，决不上瘾。不过话说回来，司令官如果要下令缴我这支老枪，我可坚决不缴，一定要拿它战斗到底。老弟，你可明白我意思？为的是光吸这个，百病痊愈，一天不吸，什么老病不用邀请通回来了。拿了枪就放不下。老弟你一定不唆，我就又有偏了！"

我因为平时口拙，不会应对，不知如何来回答这个上司好意，照例只是笑笑。他既然说明白我做圣贤本意是一个"迂"字，说到烟的好处又前后矛盾，我更不好如何分辩了。

其实当时我并不想做什么"圣贤"。这两个字和生活环境毫无关联。倒乐意做个"诗人"，用诗来表现个人思想情感。因为正在学写五七言旧诗，手边有部石印唐人诗选，上面有李白、杜甫、元稹、白居易、高适、岑参等人作品。杜甫诗的内容和白居易诗的表现方法，我比较容易理解，就学他们押韵填字。我手中能自由调遣的文字实在有限，大部分还是在私塾中读"云对雨，雪对风，晚照对晴空"记来的，年龄又还不成熟到能够显明讽刺诅咒所处社会环境中，十分可恶可怕的残忍、腐败、堕落、愚蠢的人和事，生活情况更不能正面触及眼面前一堆实际问题。虽没有觉得这些人生活可羡，可还不曾想到另外什么一种人可学。写诗主要可说，只是处理个人一种青年朦胧期待发展的混乱感情。常觉得大家这么过日子下去，究竟为的是什么？实在难于理解。难道辛亥革命就是这么地革下去？

在书记处六十四个同事中，我年纪特别小，幻想却似乎特别多。《聊斋志异》《镜花缘》《奇门遁甲》这些书都扩大了我幻想的范围。最有影响的自然还是另外一些事物。我眼看到因清乡杀戮过大几千农民，部分是被压迫铤而走险上山落草的，部分却是始终手足贴近土地的善良农民，他们的死只是由于善良。有些人被杀死家被焚烧后，还牵了那人家耕牛，要那些小孩子把家长头颅挑进营中一齐献俘。我想不出这些做官的有道理或有权力这么做。一切在习惯下存在的我认为实不大合理，但是我并没有意识到去反抗或否认这一切。我明白同事中说的"做圣贤"不过是一种讽刺，换句明白易懂话说就是"书呆子气"，但还是越来越发展了这种书呆子气。最明显的即是越来越和同事缺少共同语言和感情。另一方面却是分上工作格外多、格外重，还是甘心情愿不声不响做下去。我得承认，有个职业才能不至于倒下去。当时那个职业，还是经过半年失业才得来的！

其时有许多同事同乡，年纪还不过二十来岁，因为吸烟，都被烟毒熏透，瘦得如一只"烟腊狗"一样，一个个终日摊在床铺上。日常要睡到上午十一点多，有的到下午二三点，才勉强从床上爬起来，还一面大打哈欠，一面用鼻音骂小护兵买点心不在行。起床后，大家就争着找据点，一排排蹲在廊檐下阶沿间刷牙，随后开饭，有的每顿还得喝二两烧酒，要用烧腊香肠下酒。饭后就起始过瘾。可是这些老乡半夜里过足瘾时，却精神虎虎，潇洒活泼简直如吕洞宾！有些年逾不惑，前清读过些《千家诗》和《古文笔法百篇》《随园诗话》《聊斋志异》的，半夜过足瘾时，就在烟灯旁朗朗地诵起诗文来。有的由《原道》到前后《出师表》《圆圆曲》，都能背诵如流，一字不苟，而且音调激昂慷慨，不让古人。有的人又会唱高腔，能复述某年月日某戏班子在某地某庙开锣，演出某一折戏，其中某一句字黄腔走板的事情，且能用示范原腔补充纠正。记忆力之强和理解力之高，也真是世界上稀有少见。又有人年纪还不过三十来岁，由于短期委派出差当催烟款监收委员，贪污得几百两烟土，就只想娶一房小老婆摆摆阔，把当前计划和二十年后种种可能麻烦都提出来，和靠灯同事商讨办法的。有人又到处托人买《奇门遁甲》，深信照古书中指示修炼，一旦成功，就可以和济公一样，飞行自在，到处度世救人，打富济贫。且有人只想做本地开糖房的赘婿，以为可以一生大吃酥糖糍粑。真所谓"人到一百，五艺俱全"，信仰愿望，无奇不有。而且居多还想得十分有趣。全是烟的催眠麻醉结果。

这些人照当时习惯，一例叫作"师爷"。从这些同事日常生活中，我真可说是学习了许多许多。

此外，又还有个受教育对我特别有益的地方，即一条河街和河码头。那里有几十家从事小手工业市民，专门制作黄杨木梳子、骨牌、棋子和其他手工艺品，生产量并不怎么大，却十分著名，下行船常把它带到河下游去，越湖渡江，直到南北二京。河码头还有的是小铁匠铺和竹木杂货铺，以及专为接待船上水手的特种门户人家，经常还可从那里听到弹月琴唱小曲琤琤琮琮的声音。河滩上经常有些上下酉水船只停泊，有水手和造船匠人来人去。虽没法和这些人十分相熟，可是却有机会就眼目见闻，明白他们的生活和工作。和他们可说的话，也似乎比同事面前多一些，且借此知道许多河码头事情。两相比较下，当时就总觉得这些自食其力的普通劳动者生活，比起我们司令部里那些"师爷"或"老爷"，不仅健康得多、道德得多，而且也有趣得多。即或住在背街上，专为接待水手和兵士的"暗门头"半开门人物，也还比师爷、老爷更像个人。这些感想说出来当然没有谁同意，只会当我是个疯子。事实上我在部分年轻同事印象中，即近于有点儿疯头疯脑。

我体力本来极差，由于长时期营养不良，血液缺少黏合力，一病鼻子就得流血，因此向上爬做军官的权势欲没有抬头机会。平时既不会说话，对人对事又不会出主意，因此做参谋顾问机会也不多。由于还读过几本书，知道点儿诗词歌赋，面前一切的刺激和生活教育，不甘随波逐流就得讲求自救，于是近于自卫，首先学坚持自己，来抵抗生活行为上的同化和腐蚀作用。反映到行为中，即尽机会可能顽强读书，扩大知识领域。凑巧当时恰有个亲戚卸任县长后，住在对河石屋洞古庙里做客，有半房子新旧书籍，由《昭明文选》到新小说，什么都有。特别是林[1]译小说，

---

[1] 指林纾。

就有一整书箱。狄更斯的小说，真给了我那时好大一份力量！

从那种情形下，我体会到面前这个社会许多部分都正在发霉腐烂，许多事情都极不合理，远比狄更斯文学作品中所表现的英国社会还野蛮恶劣。一切像是被什么人安排错了，得有人重新想个办法。至于要用一个什么办法才能回复应有的情况，我可不知道。两次社会革命虽在我待成熟生命中留下些痕迹，可并不懂得第三回社会大革命已在酝酿中，过不多几年就要在南中国爆发。因为记起"诗言志"的古义，用来表现我这些青春期在成熟中、在觉醒中，对旧社会，对身边一切不妥协的朦胧反抗意识，就是作诗。大约有一年半时间，我可能就写了两百首五七言旧体诗。呆头呆脑不问得失那么认真写下去，每一篇章完成却照例十分兴奋。有时也仿苏柳体填填小词，居然似通非通能缀合成篇。这些诗词并没有一首能够留下，当时却已为几个迎面上司发生兴趣，以为"人虽然有些迂腐，头脑究竟还灵活，有点儿文才"。还有个拔贡出身初级师范校长，在我作品上批说"有老杜味道"，真只有天知道！除那书记长是我的经常读者外，另还有个胖大头军法官，和一个在高级幕僚中极不受尊敬，然而在本地小商人中称"智多星"的顾问官，都算是当年读我作品击节赞许的大人物。其实这些人的生活就正是我讽刺的对象。这些人物，照例一天只是伴陪司令老师长[1]坐在官厅里玩牌，吃点心，吸烟，开饭喝茅台酒，打了几个饱嗝后，又开始玩牌……过日子永远是这么空虚、无聊。日常行为都和果哥里[2]作品中人物一样，如漫画一般，甚至于身体形象也都如漫画一般局部夸

[1] 指陈渠珍。

[2] 今译果戈里。——编者注。

张。这些人都读过不少书，有的在辛亥时还算是维新派，文的多是拔贡举人，武的多毕业于保定军校，或湖南弁备学校。腐化下来，却简直和清末旧官僚差不多，似乎从没思索过如何活下来才像个人，全部人生哲学竟像只是一个"混"字。跟着老师长混，"有饭大家吃"，此外一切废话。

一九三五年左右，我曾就这些本地"伟人"生活，写过一个短篇小说，名叫《顾问官》，就是为他们画的一幅速写像，虽十分简单，却相当概括逼真。当时他们还在做官，因担心笔祸，不得不把故事发生地点改成四川。其实同样情形，当时实遍布西南，每省每一地区都有那种大小军阀和幕僚，照着我描写的差不多或更糟一些，从从容容过日子。他们看到时，不过打个哈哈完事，谁也不会在意。

我的诗当时虽像是有了出路，情感却并没有真正出路。因为我在那些上司和同事间，虽同在一处，已显明是两种人，对于生存意义的追求全不相同，决裂是必然的。但是如果没有一种外来的强大吸引力或压力，还是不可能和那个可怕环境决绝分开的。在一般同事印象中，我的"迂"正在发展，对社会毫无作用，对自身可有点儿危险，因为将逐渐变成一个真正疯子。部队中原有先例，人一迂，再被机灵同事寻开心，想方设法逗弄，或故意在他枕下鞋里放条四脚蛇，或半夜里故意把他闹醒，反复一吓一逗，这同事便终于疯了。我自然一时还不到这个程度。

真正明白我并不迂腐的，只有给我书看那个亲戚。他是本县最后一个举人，名叫聂仁德，字简堂，作的古文还曾收入清代文集中。是当时当地唯一主张年轻人应当大量向外跑，受教育、受锻炼、找寻出路的一个开明知识分子。

我当时虽尽在一种孤立思维苦闷中挣扎，却似乎预感到，明天另外一个地方还有份事业待我去努力完成。生命不可能停顿到这一点上。眼前环境只能使我近于窒息，不是疯便是毁，不会有更合理的安排。我得想办法自救。一时自然还是无办法可得。

因为自己写诗，再去读古诗时，也就深入了一些。和青春生命结合，曹植、左思、魏征、杜甫、白居易等人对世事有抱负有感慨的诗歌，比起描写景物叙述男女问题的作品，于是觉得有斤两、有劲头得多。这些诗歌和林译小说一样，正在坚强我、武装我，充实增加我的力量，准备来和环境中一切做一回完全决裂。但这自然不是一件简单的事情。到这个部队工作以前，我曾经有过一年多时间，在沅水流域好几个口岸各处飘流过，在小旅馆和机关做过打流食客，食住两无着落。好容易有了个比较固定的职业，要说不再干下去，另找出路，当然事不简单。我知道世界虽然尽够广大，到任何一处没有吃的就会饿死。我等待一个新的机会。生活教育虽相当沉重，但是却并不气馁，只有更加坚强。这里实在不是个能待下去的地方，中国之大，一定还有别的什么地方，比这里生存得合理一些。孟子几句话给了我极大鼓舞，我并没有觉得有个什么天降大任待担当，只是天真烂漫地深深相信老话说的"天无绝人之路"，一个人存心要活得更正当结实有用一点儿，决不会轻易倒下去的。

三　一点新的外力，扩大了我的幻想和信心

过不多久，"五四"余波冲击到了我那个边疆僻地。先是学习国语注音字母的活动，在部队中流行，引起了个学文化浪潮。随

后不久地方十三县联立中学和师范办起来了，并办了个报馆，从长沙聘了许多思想前进的年轻教员，国内新出版的文学和其他书刊，如《改造》《向导》《新青年》《创造》《小说月报》《东方杂志》，和南北大都市几种著名报纸，都一起到了当地中小学教师和印刷工人手中，因此也辗转到了我的手中。正在发酵一般的青春生命，为这些刊物提出的"如何做人"和"怎么爱国"等抽象问题燃烧起来了。让我有机会用些新的尺寸来衡量客观环境的是非，也得到一种新的方法、新的认识，来重新考虑自己在环境中的位置。国家的问题太大，一时说不上。至于个人的未来，要得到正当合理的发展，是听环境习惯支配，在这里向上爬做科长、局长、县长……还是自己来重新安排一下，到另外地方去，做一个正当公民？这类问题和个空钟一样，永远在我思想里盘旋不息。

于是做诗人的兴趣，不久即转移到一个更切实些新的方向上来。由于"五四"新书刊中提出些问题，涉及新的社会理想和新的做人态度，给了我极大刺激和鼓舞。我起始进一步明确认识到个人和社会的密切关系，以及文学革命对于社会变革的显著影响。动摇旧社会，建立新制度，做个"抒情诗人"似不如做个写实小说作家工作扎实而具体。因为后者所表现的，不仅是情感或观念，将是一系列生动活泼的事件。是一些能够使多数人在另外一时一地，更容易领会共鸣的事件。我原本看过许多新旧小说，随同"五四"初期文学运动而产生的白话小说，文字多不文不白，艺术水平既不怎么高，故事又多矫揉造作，并不能如唐代传奇明清章回吸引人。特别是写到下层社会的人事，和我的经验见闻对照，不免如隔靴搔痒。从我生活接触中所遇到的人和事情，保留在我印象中，以及身边种种可笑可怕腐败透顶的情形，切割任何一部分下来，都比当时报刊上所载的新文学作品生动深刻得多。至于当时正流行的《小说作法》《新诗作法》等书提出的举例材料和写作规矩方法，就更多是莫名其妙。加之，以鲁迅先生为首和文学研究会同人为首，对于外国文学的介绍，如耿济之、沈泽民对十九世纪旧俄作家，李颉人、李青崖对法国作家，以及胡愈之、王鲁彦等从世界语对于欧洲小国作家作品的介绍，鲁迅和其他人对于日本文学的介绍，创造社对于德国作家的介绍，特别是如像契诃夫、莫泊桑等短篇小说的介绍，增加了我对于小说含义范围广阔的理解，和终生从事这个工作的向往。认为写小说实在有意思，而且凡事从实际出发，结合生活经验，用三五千字把一件事一个问题加以表现，比写诗似乎也容易着笔，能得到良好效果。我所知道的旧社会，许许多多事情，如果能够用契诃夫或莫泊桑使用的方法，来加以表现，都必然十分活泼生动。并且大有可能超越他们的成就，得出更新的记录。问题是如何用笔来表现它，如何得到一种适当的机会，用十年八年时间，来学习训练好好使用我手中这一支笔。这件事对现在的青年说来，自然简单容易，因为习文化学写作正受新社会全面鼓励，凡稍有创作才能的文化干部，都可望得到部分时间从事写作。但是四十年前我那种生活环境，希望学文学可就实在够荒唐。若想学会吸鸦片烟，将有成百义务教师，乐意为我服务。想向上爬做个知县，再讨两个姨太太，并不怎么困难就可达到目的。即希望继续在本地做个迂头迂脑的书呆子，也不太困难，只要凡事和而不同的下去，就成功了。如说打量要做个什么"文学作家"，可就如同说要"升天"般麻烦，因为和现实环境太不相称，开口说出来便成大家的笑话。

至于当时的我呢，既然看了一大堆书，想象可真是够荒唐，不仅想要做作家，一起始还希望做一个和十九世纪世界上第一流短篇作者竞短长的选手。私意认为做作家并不是什么大不了的事情，写几本书也平常自然，能写得比这一世纪高手更好，代表国家出面去比赛，才真有意义！这种想象来源，除了一面是看过许多小说，写得并不怎么好。其次即从小和野孩爬山游水，总是在一种相互竞争中进行，以为写作也应分是一种工作竞赛。既存心要尽一个二十世纪公民的责任，首先就得准备努力来和身边这四十八盏烟灯宣告完全决裂，重新安排生活和学习。我为人并不怎么聪敏，而且绝无什么天才，只是对学习有耐心和充满信心，深信只要不至于饿死，在任何肉体挫折和精神损害困难情形下，进行学习不会放松。而且无论学什么，一定要把它学懂、学通……于是在一场大病之后，居然有一天，就和这一切终于从此离开，进入北京城，在一个小客店旅客簿上写下姓名籍贯，并填上"求学"两个字，成为北京百万市民的一员，来接受更新的教育和考验了。

四　新的起点

和当时许多穷学生相同，双手一肩，到了百万市民的北京城，只觉得一切陌生而更加冷酷无情。生活上新的起点带来了新的问题，第一件事即怎么样活下去。第一次见到个刚从大学毕业无事可做的亲戚，问我："来做什么？"

我勇敢而天真地回答"来读书"时，他苦笑了许久："你来读书，读书有什么用？读什么书？你不如说是来北京城打老虎！你真是个天字第一号理想家！我在这里读了整十年书，从第一等中学到第一流大学，现在毕了业，还不知从哪里去找个小差事做。想多留到学校一年半载，等等机会，可做不到！"

但是话虽这么说，他却是第一个支持我荒唐打算的人，不久即介绍我认识了他老同学董秋斯。董当时在盔甲厂燕京大学念书，此后一到公寓不肯开饭时，我即去他那里吃一顿。后来农大方面也认识了几个人，曾经轮流到他们那里做过食客。其中有个晃县唐伯赓，大革命时牺牲在芷江县城门边，就是我在《湘行散记》中提及被白军钉在城门边示众三天，后来抛在沅水中喂鱼吃的一位朋友。

我入学校当然不可能，找事做无事可做，就住在一个小公寓中，用《孟子》上所说的"天将降大任于斯人也，必先苦其心志，饿其体肤，戕伐其身心，行拂乱其所为……"[1]来应付面临的种种。第一句虽不算数，因为我并没有什么大志愿，后几句可落实，因为正是面临现实。在北京零下二十八度的严寒下[2]，一件破夹衫居然对付了两个冬天，手足都冻得发了肿，有一顿无一顿是常事。好在年轻气概旺，也并不感觉到有什么受不住的委屈。只觉得这社会真不合理。因为同乡中什么军师长子弟到来读书的，都吃得胖胖的，虽混入大学，什么也不曾学到。有的回乡时只学会了马连良的台步，和什么雪艳琴的新腔。但又觉得人各有取合不同，我来的目的本不相同，必须苦干下去就苦干下去，到最后实在支持不下，再做别计。另一方面自然还是认识燕大、农大几个朋友，如没有这些朋友在物质上的支持，我精神即再顽强，到时恐怕还只有垮台。

---

[1] 此处引文系作者凭记忆所引，与《孟子》原文有误。

[2] 北京没这样冷。作者记忆似不准确。

当时还少有人听说做"职业作家"，即鲁迅也得靠做事才能维持生活。记得郁达夫在北大和师大教书，有一月得三十六元薪水，还算是幸运。《晨报》上小副刊文章，一篇还不到一块钱稿费。我第一次投稿所得，却是三毛七分。我尽管有一脑子故事和一脑子幻想，事实上当时还连标点符号也不大会运用，又不懂什么白话文法。唯一长处只是因为在部队中做了几年司书，抄写能力倒不算太坏。新旧诗文虽读了不少，可是除旧诗外，待拿笔来写点儿什么时，还是词难达意。在报刊方面既无什么熟人，作品盼望什么编辑看中，当然不可能。唯一占便宜处，是新从乡下出来，什么天大困难也不怕，且从来不知什么叫失望，在最难堪恶劣的环境中，还依旧满怀童心和信心，以为凡事通过时间都必然会改变，不合理的将日趋于合理。只要体力能支持得下去，写作当然会把它搞好。至于有关学习问题，更用不着任何外力鞭策，总会抓得紧紧的。并且认为战胜环境对我的苛刻挫折，也只有积极学习，别无办法。能到手的新文学书我都看，特别是从翻译小说学作品组织和表现方法，格外容易大量吸收消化，对于我初期写作帮助也起主导作用。

过了不易设想的一二年困难生活后，我有机会间或在大报杂栏类发表些小文章了。手中能使用的文字，其实还不文不白生涩涩的。好的是应用成语和西南土话，转若不落俗套有些新意思。我总是极单纯地想，既然目的是打量用它来做动摇旧社会基础，当然首先得好好掌握工具，必须尽最大努力来学会操纵文字，使得它在我手中变成一种应用自如的工具，此后才能随心所欲委曲达意表现思想感情。应当要使文字既能素朴准确，也能华丽壮美。总之，我得学会把文字应用到各种不同问题上去，才有写成好作品的条件。因此到较后能写短篇时，每一用笔，总只是当成一种学习过程，希望通过一定努力能"完成"，可并不认为"成功"。其次是读书日杂，和生活经验相互印证机会也益多，因此也深一层明白一个文学作品，三几千字能够给人一种深刻难忘印象，必然是既会写人又能叙事，并画出适当背景。文字不仅要有分量，重要或者还要有分寸，用得恰到好处。这就真不简单。特别对我那么一个凡事得自力更生的初学写作者。我明白人是活在各种不同环境中的复杂生物，生命中有高尚的一面，也不免有委琐庸俗的一面。又由于年龄不同，知识不同，生活经验不同，兴趣愿望不同，即遇同一问题，表现意见的语言态度也常会大不相同。我既要写人，先得学好懂人。已经懂的当然还不算多，待明白的受生活限制，只有从古今中外各种文学作品中拜老师。因之书籍阅读范围也越广，年纪轻消化吸收力强，医卜星相能看懂的大都看看。借此对于中国传统社会意识领域日有扩大，从中吸取许多不同的常识，这也是后来临到执笔时，得到不少方便原因。又因为从他人作品中看出，一个小说的完成，除文字安排适当或风格独具外，还有种种不同表现思想情感的方法，因而形成不同效果。我由于自己要写作，因此对于中外作品，也特别注意到文字风格和艺术风格，不仅仔细分析契诃夫或其他作家作品的特征，也同时注意到中国唐宋小说表现方法、组织故事的特征。到我自己能独立动手写一个短篇时，最大的注意力，即是求明白作品给读者的综合效果，文字风格、作品组织结构和思想表现三者综合形成的效果。

我知道这是个艰巨的工作，又深信这是一项通过反复试验，最终可望做好的工作。因此每有写作，必抱着个习题态度，来注意它的结果。搞对了，以为这应说是偶然碰巧，不妨再换个不熟悉的方法写写；失败了，也决不丧气，认为这是安排得不大对头，必须从新开始。总之，充满了饱满乐观的学习态度，从不在一个作品的得失成败上斤斤计较，永远追求更多方面的试验。只是极素朴的用个乡下人态度，准备三十年、五十年把可用生命使用到这个工作上来，尽可能使作品在量的积累中得到不断的改进和提高。

从表面看，我似乎是个忽然成熟的"五四"后期作家。事实上成熟是相当缓慢的。每一作品完成，必是一稿写过五六次以后。第一个作品发表，是在投稿上百回以后的事情。而比较成熟的作品，又是在出过十来本集子以后的事情。比起同时许多作家来，我实在算不得怎么聪敏灵活，学问底子更远不如人。只能说是一个具有中等才能的作者。每个人学习方法和写作习惯各有不同，很多朋友写作都是下笔千言，既速且好，我可缺少这种才分。比较上说来，我的写作方法不免显得笨拙一些，费力大而见功少。工作最得力处，或许是一种"锲而不合久于其道"的素朴学习精神，以及从事这个工作，不计成败，甘心当"前哨卒"和"垫脚石"的素朴工作态度。由于这种态度，许多时候，生活上遭遇到种种不易设想的困难，统被我克服过来了。许多时候，工作上又遭遇到极大挫折，也终于支持下来了。这也应当说是得力于看书杂的帮助。千百种不同门类新旧中外杂书，却综合给我建立了个比较单纯的人生观，对个人存在和工作意义，都有种较素朴的理解。觉得个人实在渺小不足道，但是一个善于使用生命的人，境遇不论如何困难，生活不论如何不幸，却可望在全个人类向前发展进程中，发生一定良好作用。我从事写作，不是为准备做伟人英雄，甚至于也不准备做作家，只不过是尽一个"好公民"责任。既写了，就有责任克服一切困难，来把它做好。我不希望做空头作家，只盼望能有机会照着文学革命所提出的大目标，来终生从事这个工作。在万千人共同做成的总成绩上，增加一些作品，丰富一些作品的内容。要竞赛，对象应当是世界上已存在的最高纪录，不能超过也得比肩。不是和三五同行争上下、争出路，以及用作品以外方法走捷径争读者。这种四十年前的打算，目前说来当然是相当可笑的。但当时却帮助我过了许多难关。

概括说来，就是我一面向自己的弱点作战，顽强地学习下去，一面却耐烦热心，把全生命投入工作中。如此下去，过了几年后，我便学会了写小说，在国内新文学界，算是短篇作家成员之一了。一九二八年后由于新出版业的兴起，印行创作短篇集子容易有销路，我的作品因之有机会一本一本为书店刊印出来，分布到国内外万千陌生读者手中去。工作在这种鼓舞下，也因此能继续进行，没有中断。但是，当我这么学习用笔十年，在一九三五年左右，有机会从一大堆习作中，编印一册习作选，在良友公司出版时，仔细检查一下工作，才发现并没有能够完全符合初初从事这个工作时，对于文学所抱明确健康的目的，而稍稍走了弯路。摇动旧社会基础工作，本来是件大事，必须有万千人从各方面去下手。但相互配合如已成社会规律时，我的工作，和一般人所采取的方法，不免见得不尽相同。我认为写作必须通过个人的高度劳动，来慢慢完成，不宜依赖其他方法。从表面看，工作方式和整个社会发展，似乎有了些脱节。我曾抱着十分歉意，向读者要求，不宜对我成就估计过高，期望过大，也不必对我工作完全失望。因为我明白自己的长处和弱点。正如作战，如需用文学做短兵，有利于速战速决，不是我笔下所长。如需要人守住阵地，坚持下去，十年、二十年如一日，我却能做得到，而且是个好手。十年工作只是学习写作走完第一段路，我可走的路应当还远。盼望对我怀着善意期待的读者，再耐心些看看我第二个十年的工作。不料新的试验用笔，还刚写成三个小集，《边城》《湘行散记》《八骏图》，全国即进入全面抗战的伟大历史时期。我和家中人迁住在云南滇池边一个乡下，一住八年。由于脱离生活，把握不住时代大处，这段期间前后虽写了七八个小集子，除《长河》《湘西》二书外，其余作品不免越来越显得平凡灰暗，反不如前头十年习作来得单纯扎实。抗日胜利复员，回到北京几年中，就几乎再不曾写过一个有分量像样子的篇章。解放十年来，则因工作岗位转到博物馆，做文物研究，发现新的物质文化史研究工作，正还有一大堆空白点，待人耐烦热心用个十年八年工夫来填补。史部学本非我所长，又不懂艺术，唯对于工艺图案花纹、文物制度，却有些常识。特别是数千年来，万千劳动人民共同创造发明的"食"与"衣"分不开的陶瓷、丝绸、漆玉花纹装饰图案，从来还没有人认真有系统研究过。十年来我因此在这些工作上用了点儿心。其次，博物馆是个新的文化工作机构，一面得为文化研究服务，另一面又还可为新的生产服务，我即在为人民服务一类杂事上，尽了点儿个人能尽的力。至于用笔工作，一停顿即将近十年，俗话说"拳不离手"，三十年前学习写作一点点旧经验，笔一离手，和打拳一样，荒疏下来，自然几乎把所有解数忘记了。更主要即是和变动的广大社会生活脱离，即用笔，也写不出什么有分量的作品。十年来，社会起了基本变化，许许多多在历史变动中充满了丰富生活经验、战斗经验的年轻少壮，在毛主席文艺思想指导下，已写出了千百种有血有肉纪念碑一般反映现实伟大作品，于国内外得到千百万读者的好评，更鼓舞着亿万人民为建设新中国而忘我劳动。老作家中，也有许许多多位，能自强不息，不断有新作品产生。劳动态度和工作成就，都足为青年取法。相形之下，我的工作实在是已落后了一大截。过去一点儿习作上的成就，又显得太渺小不足道。只能用古人几句话自解："日月既出，天下大明，爝火可熄。"

一个人有一个人的限度，我本来是一个平凡乡下人，智力才分都在中等，只由于种种机缘，居然在过去一时，有机会参加这个伟大艰巨的工作，尽了我能尽的力，走了一段很长的路……原来工作可说是独行踽踽，因此颠顿狼狈，而且不可免还时有错误，和时代向前的主流脱离。现在却已进入人民队伍里，成为我过去深深希望的"公民"之一员，踏踏实实，大步向共同目标走去。……如今试回过头来，看看自己的过去，觉得实在没有丝毫可以骄傲处。但是一点做公民的努力，终于实现，也让我还快乐。因为可以说曾经挣扎过来，辛苦过来，和一些"袭先人之余荫"，在温室中长大的知识分子的生命发展，究竟是两种不同方式。也活得稍微扎实硬朗一些。但比起万千革命家的奋斗牺牲说来，我可真太渺小不足道了。

五 "跛者不忘履"

这是一句中国老话，意思是这个人本来如果会走路，即或因故不良于行时，在梦中或在日常生活中，还是会常常想起过去一时健步如飞的情形，且乐于在一些新的努力中，试图恢复他的本来。这个比拟试用到我的情形上，或不怎么相称。因为几年来，我只是用心到新的工作上，旧的业务不免生疏了。以年龄说，虽行将六十岁，已不能如一个年轻人腰腿劲强，但是在用笔工作上，应当还能爬山越岭健步如飞！在写作上，我还有些未完成的工作待完成。即在能够有机会比较从容一些自己支配时间的情形下，用三五年时间，来写几本小书，纪念我所处的变动时代——二十世纪前四十年，几个亲友、一些青年为追求真理，充满热情和幻想，参加社会变革的活动，由于种种内外因子限制下，终于各在不同情形下陆续牺牲，和社会在向前发展中，更年轻　代，又如何同样充满热情和幻想，然而却更加谨慎小心，终于和人民一道取得革命胜利，继续向前，在共同创造新的未来。由于个人生活接触问题限制，作品接触面虽不会太广，可是将依旧是一种历史——不属于个人却属于时代的历史。四十年前学写小说的本意，原就以为到文字比较成熟时，可以来完成这种历史的。由于亿万人的共同努力，牺牲者前仆后继，在中国共产党领导下，四十年动摇旧社会的基础工作，终于完成了。后死者把目击身经所知道的事情一小部分，用一定分量文字，谨严忠实地写它出来，必然还有些意义。这些人事不仅仅十分鲜明地活在我的记忆里，还应当更鲜明有力地活在万千年轻人的印象中，对于他们在发展中的青春生命，将是一种长远的鼓舞。前一代的努力和牺牲，已为这一代年轻人的工作和学习铺平一条康庄大道，这一代的辛苦努力，将为更幼小一代创造永久幸福。年轻一代能够越加深刻具体明白创造一个崭新国家的艰难，也必然将更能够理解保护人民革命胜利成果的重要！

一九五九年十二月 北京历史博物馆

一九九二年一月　沈虎雏整理

附录

○ ○ ○ 团聚

沈虎雏

一

分明听见爸爸在呼唤："弟弟！"

猛然坐起来，睡意全消。习惯夜间照料他，我趿上鞋，又停住了。

很静，没人唤我。街灯在天花板上扯出斜斜窗光，微暗处隐现爸爸的面影，抿嘴含笑，温和平静，那是同他最后分别用过的遗像。他不再需要照料，已离开我们半年了。

遗像下有两行字，那是他的话：

照我思索，能理解"我"。

照我思索，可认识"人"。[1]

从我还不记事起，命运一再叫我们家人远离，天南海北，分成两处、三处，甚至更多。摊上最多的是跟爸爸别离，这给每次重逢团聚，留下格外鲜明的印象。

最后几年团聚，中国人在重新发现沈从文，我也才开始观察

---

[1]　沈从文《抽象的抒情》，写于一九六一年。

他生命的燃烧方式。有过许多长谈短谈机会，倾听他用简略语句吃力地表达复杂跳动思绪，痛感认识爸爸太晚了。

我不大理解他。没有人完全理解他。

二

我刚满月，卢沟桥炮声滚过古都。

我两个月时，爸爸扮成商人，同杨振声、朱光潜、钱端升、张奚若、梁宗岱等结伴，挤上沦陷后第一列开离北平的火车，绕过战线，加入辗转流向后方的人群。待到妈妈终于把我们兄弟拖到云南，全家在昆明团聚时，我俩的变化叫爸爸吃惊：

小龙精神特别好，已不必人照料，惟太会闹，无人管住，完全成一野孩子。[1]

小虎蛮而精壮，大声说话，大步走路，东西吃毕嚷着"还要"，使一家人多了许多生气！[2]

我俩不顾国难当头，不管家中有没有稳定收入，身子照样拼命长，胃口特别好。

尤以小虎，一天走动到晚，食量又大，将来真成问题。已会

---

[1] 沈从文致沈云麓大哥信，一九三八年十一月十六日。
[2] 沈从文致沈云麓大哥信，一九三九年二月二十日。

吃饭、饼、面。[1]

爸爸说："天上有轰炸机、驱逐机，你是家里的消化机。"

消化机是大的应声虫。"大"，就是龙朱哥哥。我虽处在南腔北调多种方言环境，却跟大学一口北京话，自认为北京人，十分自得。湘西人称哥哥为大，这称呼想必是爸爸的影响，直到今天我说"哥"字还挺绕口。

一九三九年四月以后，昆明频频落下日本炸弹，我家疏散到呈贡乡下。过不久，爸爸长衫扣眼上，多了个西南联大的小牌牌。每星期上完了课，总是急急忙忙拎着包袱挤上小火车，被尖声尖气叫唤的车头拖着晃一个钟头，再跨上一匹秀气的云南小马颠十里，才到呈贡县南门。这时我常站在河堤高处，朝县城方向，搜寻挎着包袱的瘦小长衫身影，兴奋雀跃。直到最近，我才知道他上火车之前，常常不得不先去开明书店，找老板预支几块钱。沉甸甸的包袱解开，常常是一摞书、一沓文稿，或两个不经用的泥巴风炉，某角落也有时令我眼睛发亮，露出点儿可消化的东西。

流向龙街的小河如一道疆界，右岸连片平畴一直延伸到远远的滇池，左岸是重重瓦屋。房子建在靠山一侧坡坎上，间杂一些菜园和小片果木，多用仙巴掌做绿篱。这些落地生根植物，碰到云南温暖湿润红土迅速繁殖，许多长成了大树，水牛在结实的仙巴掌上蹭痒。杨家大院挨着一排这种树，背靠一带绿茸茸的山坡，地势最高，在龙街算一所讲究宅院。除杨家几房和帮工居住，还接纳我们十几家来来去去的房客。

---

[1]　沈从文致沈云麓大哥信，一九三九年二月二十日。

妈妈每天去七里外乌龙埠，给难童学校上课，爸爸下乡的日子，也到难童学校和后来的华侨中学讲几堂义务课。

孩子们日子过得还像样。龙龙每日上学，乡下遇警报时即放炮三声，于是带起小书包向家中跑，约跑一里路，越陌度阡，如一猴子，大人亦难追及。小虎当兆和往学校教书时，即一人在家中做主人，坐矮凳上用饭，如一大人，饭后必嚷"饭后点心"，终日嚷"肚子饿"，因此吃得胖胖的，附近有一中学，学生多喜逗他抱他散步。一家中自得其乐，应当推他。[1]

一人守家并不好玩，我会说"无聊"这个大人用的词，白天老想朝外跑。跑出杨家大院有五条道：去河边的，随妈妈打水洗衣天天要走几次，不新鲜；通龙街的半路有群白鹅，长脖子挺直一个个比我还高，那神气仿佛在我脸上选择，该用善拔草的扁嘴在哪儿拧一下？去龙翔寺山道有鲜丽的巨大花蝶，无声无息拦路翻飞，肯定是坏婆娘放蛊；第四路有凶狗，第五条多马蜂，我一人出去，不敢跑很远。

爸爸在家，常问我们兄弟："猴儿精！稳健派！怕不怕走路？勇敢点儿，莫要抱。"

这真适合我们好动如球的性格，于是几人四处跑去。远则到滇池涉水，近则去后山翻筋斗，躺着晒太阳，或一同欣赏云南的云霞。背山峡谷里小道奇静，崖壁有平地见不到的好花，树桠巴上横架着草席包裹的风干童尸。有时跑很远去看一口龙井咕咕

---

[1] 沈从文致沈云麓大哥信，一九四一年四月三十日。

冒水，或到窑上看人做陶器，讨一坨特别黏的窑泥玩。若进了县城，路越走越高，冰心家在最高处。听说冰心阿姨去重庆坐过飞机，我觉得这真了不起，编进杜撰的儿歌。古城乡魁阁像楼又像塔，我挺羡慕费孝通伯伯一伙专家，天天在上边待着。我们最多的还是在野外随处乱跑，消耗掉过剩精力，再回来大嚷肚子饿。

兄弟俩不但消化力强，对精神消费也永不满足，逼得妈妈搜索枯肠，使出浑身解数来应付。于是我们听熟了她小时朱干奶奶用合肥土话哄她的童谣；又胡乱学几句妙趣横生的吴语小调，是在苏州念中学时，女同学一本正经教她的；英文歌是对大进行超前教育，我舌头不灵活，旁听而已。妈妈看过几出京戏，不得不一一挖出来轻声唱念，怕邻居听见，因此我们知道了严嵩、苏三等人物。昆曲真莫名其妙，妈妈跟充和四姨、宗和大舅他们到一块，就爱清唱这种高雅艺术，我们兄弟以丑化篡改为乐。救亡歌曲是严肃的，必须用国语或云南话唱。对于我跟大贪得无厌的精神需求，妈妈计穷时，如果爸爸在家，就能毫不费力替她解围。

两个装美孚油桶的木箱，架起一块画板，是全家文化活动中心。我们围坐吃饭，妈妈在上边改作业，大在上边写"描红"大字，爸爸下乡来，也常趴在画板上写个不停。轮到有机会听故事讲笑话时，每人坐个蒲团，也是围着它。云南的油灯，粗陶盏子搁在有提手的竹灯架上，可以摆放，又能拎挂。家里这盏如豆灯火，常挂在比画板稳的墙上。我学会头一件有用事，就是拿糊裿褙剔下的破布条搓灯芯。现在全家围拢来，洗耳恭听爸爸唱歌，他总共只会一首："黄河黄河，出自昆仑山——流经蒙古地——咿转过长城关！一二一！一二一！"

十足大兵味，定是在湘西当兵时学的。大家笑他，他得意，从不扫兴。

"不好听？我来学故事吧！"

这才是拿手。于是"学"打老虎，猎野猪，捉大蟒故事，又形容这些威严骄傲兽物的非凡气度，捕食猎物的章法。

熊娘是可笑东西："熊娘熊娘打空瞄，不吃伢崽吃哪个？"

我并不怕，那不过是脸被胡子下巴扎一气，胳肢窝被胳肢一番罢了。若躺着听故事，他就会眯小眼睛，迈起熊步，吧嗒着嘴，哼哼唧唧，熊娘要吃"不哉"了。我始终不明白，为什么小孩脚趾叫"不哉"？但熊娘已逼近脚丫，搞得我奇痒难忍，喘不上气，熊娘十分开心："啊唔啊唔好蚵，果条伢崽没得蚵[1]！"

学荒野故事时，爸爸还随时学蛇叫，模仿老虎叫。讲到猪被叮着耳朵，又被有力的尾巴抽赶着进山时，那猪叫声也逐渐远去。他学狼嚎听来瘆人，于是又学十几种鸟雀争鸣，自己总像那些陶醉于快乐中的雀儿。

他的故事永不枯竭，刚讲完一个就说："这个还不出奇，再学一个《杜十娘怒沉百宝箱》。"

我还不能听准他的凤凰口音，暗想着县城马寡妇店里一坨坨鹅蛋形辣豆豉肯定好吃。

"豆豉娘是县城里那个寡妇吗？"

"当然！就学《豆豉娘怒沉百宝箱》。"

下一个更出奇的，就会学成《酱油娘棒打薄情郎》。他的故事像迪士尼先生的卡通片一样，人物情节都随想象任意揉搓变形，连眼前家人，也在故事里进进出出，方便着呢。我们兄弟心里，没有"父亲的威严"概念，而爸爸的狼狈失态丢面子经历，

---

[1] 凤凰方言"吃"说成"蚵"（qia），此处后半句意为"那个孩子没得吃"。

给许多故事大增光彩。

我一个方块字还不认得时，已熟悉《从文自传》主人公一切顽劣事迹，以及受处罚的详情。他讲到曹操半夜翻墙落入茅坑，故意不声张，等着伙伴跳下来一块儿倒霉，我以为爸爸跟他们是一伙。为撩拨消化机的兴奋点，故事里随时加些美味道具："妈妈读大学时候不肯理我，见到我就跑。有一天她到书店，喏，这样子左手挟两本洋书，右手拎一盒鸡蛋糕。头发后边短短的像男孩子，前边长长的拖到这里，快遮起眼睛了，呱！一下甩上去，要算神气喃。好，进了书店，忽然一抬头，看到柜台后边萧克木先生，戴个黑边眼镜，像我像极了。好，以为碰到沈从文，即刻，呱！丢下鸡蛋糕，扯起脚就跑！"

"后来呢？"

"跑了嘛，就完了。"他冲我微笑。

我实在不放心："那后来呢？"

头一次团聚生活在我眼里，总像云南的蓝天和彩霞一样洁净明丽。绑成长串的枯瘦四川壮丁路过龙街，疫病肆虐到处有人倒毙的场面，周围有时发生的残酷事情，爸爸妈妈遇到的种种烦恼，他们都小心又小心地不叫我们看见，只是没办法完全做到。

孩子们虽破破烂烂，还活泼健康，只是学校不成学校，未免麻烦！三姊下月即不再做事，因为学校要结束……大多数教书的都有点支持不下去……[1]

……政治方面又因极讨厌那些吃官饭的文化人，不愿意与他

---

[1] 沈从文致沈荃三弟信，一九四四年一月十一日。

们同流合污混成一气，所以还不可免要事事受他们压抑，书要受审查删节，书出后说不定尚要受有作用不公正批评……我相信有一天社会会公道一点，对于我的工作成就能得到应得待遇的。[1]

三

浑身锈斑的昌黎号缓缓贴向青岛码头。我崇拜机器，这座散发着火车气味、海腥味和酽尿臊臭的庞然大物是我的圣殿，离开上海烂泥码头以来，它摇得我又晕又吐，这会儿好了，我得仔细瞻仰。

船上两根不太长的吊杆，从仓里合着揪起沉重网包，工头喊着奇怪的号令，两边吊索或张或弛，让网包凌空摆动，忽然顺势放绳，大网兜着几十个麻袋，人猿泰山一样悠向码头落稳，我对开起重机人物充满敬佩之情。

网开了，汉子们握钩掀动沉重麻袋，扛起鱼贯走向仓库。黑衣警察挥舞皮带驱赶妇孺，她们个个捏着小簸箕小条帚，飞快地收敛地上的东西，原来运的是大米。

我们母子正赶去北平同爸爸会合，半年多不见，我早已十分想念。何况北平是最美好的地方，爸爸讲过许多北平的故事，那儿有我本来的家，有大跟我睡过的小床，有收音机，日本人来了，藏在煤堆里。

对面码头和港内远处，泊满灰色美国军舰，方头登陆艇来往繁忙，我跟大争论着，想知道的事情太多，答案太少。

---

[1] 沈从文致沈云麓大哥信，一九四二年九月八日。

青岛街上车马稀少，商店清清冷冷，公园荒凉萧杀，栈桥破破烂烂，海滩空无一人。沿途经过几处营房，这里好像兵多于民。青岛并不像爸爸妈妈讲的那么美。

换内衣时，胸口沉甸甸有个硬东西。

"路上不太平，给你们每人缝两块洋钱。"妈妈小声嘱咐，"还缝了地址条，失散了，就各自想办法去北平，到北京大学找爸爸。"

"有那么危险？"

"听说，八路军扒铁路，截火车，船到秦皇岛，咱们还得坐火车哪。"

我有点儿紧张："要是八路逮去，危险吗？"

"不一定有这事。只是怕万一铁路断了，有人趁乱抢劫。落在八路手里反而不必怕，说不定他们知道爸爸是北大教授，会送你去北平。"

"那我宁可让八路军逮一回玩玩。"

妈妈笑起来："人家要是喜欢你，把你留下当小八路。过几年这小八路再来看爸爸妈妈。"

在秦皇岛看到数不清的煤堆，想起收音机，我一心向往着快到北平见爸爸，不愿被八路逮一次了。

火车又脏又挤又慢，沿途景色灰黄单调，唯一难忘的印象，是一路有无数大小驻军碉堡。

中老胡同三十二号有红漆大门，进去不远又有二门，爸爸引着我们绕过好几幢平房，才到西北角上新家，这院子真大。

大院住二十几家教授，有三十多个孩子，好些在昆明就相识。吴老倌在联大附小揍我，按照文明校规被罚喝黄连水。大闻小闻在昆中北院斗剑，拿竹竿互打，喊着"阿里巴巴四十大盗，铿！铿！铿！"，那时我跟大真为他们捏把冷汗。遵从伯妈们建议，我得去几个乖女孩读书的孔德学校，插四年级班，暂时受到点儿管束。

跟我先前进过的五所学校相比，孔德是唯一不用体罚的地方，但学费合两袋洋面，我憋着将来考一所公立中学。因为在孔德上学，爸爸每星期交我一包稿子，带给学校附近的《益世报》办事处。我懂得这是许多人辛辛苦苦写成，要印在下星期副刊上的重要东西，心怀一种担负重任的秘密快乐。

虽说团聚了，像在龙街全家围坐忘情谈笑的机会总也等不来。爸爸很忙，没空逗我们玩，这不能在乎，我大了，爸爸也有些不同了。

在云南乡下，除了吃不哉，爸爸还老要"打股骂曹"，叫我趴床上，他照那椭圆形肉厚处，拍打出连串复杂的节奏，一面摇头晃脑，哼着抽象含糊的骂曹檄文。大概手感很好，总也骂不完，大等不及，自动贴到旁边："爸爸该打我了！该打我了！"

现在他还是幽默温和，可总有点儿什么不同以往，没办法跟爸爸纵情玩闹了。

空寂的北海冰已开始疏松，我头一次见到一个滑冰的人，那种式样的白塔也没见过。

"山顶那个白塔真大！爸。"

"妙应寺还有个更大，元朝定都时候修的，比故宫早得多。这个塔更晚，清朝的。"

故宫博物院金碧辉煌，我原以为凡是古董爸爸都欣赏，到这儿才知道他有褒有贬。

"皇帝身边有许多又贵又俗气东西，并不高明……"

他对每个角落每件器物，好像都能讲出些知识典故，或嘲笑当年的种种古怪礼仪，又或对精美展品赞不绝口，自己说得津津有味，听的人都累极了。

天坛壮美无比，圜丘坛像巨大的三层奶油蛋糕，袁叔站在蛋糕上环顾四周："这简直是几何！是几何！"

我被祈年殿的庄重完美镇呆了，什么也说不出。爸爸指着那最高处："梁思成伯伯和林徽因伯妈都上去过，测绘了所有构造。"

他还讲北京另外许多建筑有多美，但又说："啧！可惜了！已经毁掉很多了！"

日子一长我注意到，他在欣赏一棵古树、一片芍药花，或凝视一件瓷器、一座古建筑时，往往低声自语："啧！这才美呐！"

就跟躺在杨家大院后山坡看云彩一样，但现在经常接着轻轻叹息。他深爱一切美好东西，又往往想到美好生命无可奈何的毁灭。

他常带我上街，爱逛古董铺、古董摊。掌柜的全认识他，笑脸相迎。他鉴赏多，买得少。我看出老板们不是巴结他腰包，而是尊重一个行家。他间或买些有裂纹的瓷器，因为贱，常像小孩一样，把这新玩意儿得意地向朋友显摆。我对这些没兴趣，但不放弃一同上街的机会，跑遍了城南城北和几个小市，路上总有话说。

"那是我二十几年前住过的公寓。丁玲同胡也频也住过，我介绍的。老板对我们特别好，肯赊账。"

我看到曾叫汉园公寓那座小楼，隔北河沿对着北大红楼，河沿死水恶臭，垃圾如山。那两个人，爸爸妈妈偶然谈起，听得出在他们心上的分量，都是特别好的朋友，但我除了见过两本爸爸写他们的书，从未见过人。

"他们现在在哪儿？爸。"

"胡也频早就被偷偷枪毙了。丁玲在那边。"

我大吃一惊。"那边",就是八路,敢情他们是共产党!

其实,爸爸的老少朋友,即使被社会所不容、所践踏、所抛弃,他也从不讳言同这些人的交往和友情。朋友可以有完全不同的信念,走不同的方向,令他倾心难忘的,总是这些人生命和性格中,爸爸所看中的美好部分。我当时一点儿不懂这种非功利的对待友情态度。

我家的客人很多,年轻人多来找爸爸谈写作。有个白脸长发大个子一坐必很久,叉开两腿亮出破鞋裂口,坦然自若凡人不理,爸爸待他,同那些斯文腼腆学生没有两样。问起他的来历,才知并不是大学生。

"会写点儿诗,肯用功,没有事情做。啧!毕了业的也没有事情做。"

不知他想到了哪个学生?

东安市场里,妈妈让我帮着长眼,选了支大金星钢笔,是为大表姐买的。这两天大表姐在里屋和爸爸妈妈关门嘀咕,不像别的亲友大声说笑,听得见爸爸在叹气。

常有人说:"……处处不留爷,爷去当八路!"

可现在,"姐"要当八路去了。她来去都静悄悄的,没露出"爷"的豪气。

爸爸也常带我去访友,学者、教授、艺术家,多是清茶一杯,记不得在谁家吃过饭。这天说要带我去看一个伟人。奇怪!他会有伟人朋友?

"你念念这诗。"他递过一本翻开的洋装厚书。

"我从山中来,带得兰花草,种在小园中,希望花开早……

嗨！这种诗像小孩子写的！"我为这么厚的洋装书抱屈，"胡适之写这个，就算伟人啦？"

"当然不止这些。不过那时候能写这种小孩子东西已经很了不得。没人提倡这些，你就读不到那么多新书，我也不会写小说。"

我这时已在囫囵看些叶绍钧、鲁迅、张天翼、老舍和爸爸写的厚书。

胡适之没我想的那样可怕，敢情伟人也是人！老太太笑眯眯摸我的脑门："刚刚做的媒……小的都这么大了……"

我以为她刚在楼下做煤球，纳闷怎么两手雪白，而且比妈妈的粗巴掌柔软？

爸爸妈妈愁苦难过，在为朋友揪心。报上说警宪包抄了灯市西口那座房子，搜捕共产党。徐盈伯伯和彭子冈阿姨就住在那儿，是《大公报》记者。两人中徐盈伯伯来访次数多些，他总是温和亲切，坐不多会儿就走了。爸爸妈妈常在背后夸赞他们。

谈中国问题，我就觉得新闻记者徐盈先生意见，比张东荪、梁漱溟二老具体。言重造，徐先生意见，也比目下许多专家、政客、伟人来得正确可靠！[1]

过几天放学回家时，爸爸正抓着徐伯伯手两人坐一张条凳上相对微笑，大一看见马上笑着嚷起来："我知道你和彭阿姨的事。你们都是'那个'。"

徐伯伯和蔼如常，像什么也没发生。十年后，他们在自己人

---

[1] 沈从文致黄灵废邮，一九四六年年底。

当中遭到了更大麻烦……

四十年后，爸爸在高烧住院时，仅仅听到别人谈起他们的名字，当即老泪纵横。这是后话。

一九四八年七月三十日晚，在颐和园东北角一间潮湿房子里，爸爸给城里的妈妈信中写道：

我一面和虎虎讨论《湘行散记》中人物故事，一面在烛光摇摇下写这个信，耳朵边听着水声、秋虫声，水面间或有鱼泼刺，小虎虎即哎哟一喊，好像是在他心上跳跃。一切如此真实，一切又真像做梦！人生真是奇异。我接触的一分尤其离奇。下面是我们对话，相当精彩：

小虎虎说："爸爸，人家说什么你是中国托尔斯泰。世界上读书人十个中就有一个知道托尔斯泰，你的名字可不知道！我想你不及他。"

我说："是的。我不如这个人，我因为结了婚，有个好太太，接着你们又来了，接着战争也来了，这十多年我都为生活不曾写什么东西。成绩不太好。比不上。"

"那要赶赶才行。"

"是的，一定要努力。我正商量妈妈，要好好地来写些。写个一二十本。"

"怎么，一写就那么多？"（或者是为礼貌关系，不像在你面前时说我吹牛）

"肯写就那么多也不难。不过要写得好，难。像安徒生，不容易。"

"我看他的看了七八遍，人都熟了，还是他好。《爱的教育》也好。"一分钟后，于是小虎虎呼鼾从帐中传出。

四

"剩下许多稿子，只好尽量退还作者。"

爸爸交给我一些要寄出的邮件，而不是送到《益世报》办事处的一卷。要打仗了，他忙着一一处理别人的心血。

吉六先生：你文章因刊物停顿，无从安排，敬寄还，极抱歉……一切终得变。从大处看发展，中国行将进入一个崭新时代，则无可怀疑……人近中年，情绪凝固，又或因性情内向，缺少社交适应能力，用笔方式，二十年、三十年统统由一个"思"字出发，此时却必须用"信"字起步，或不容易扭转，过不多久，即未被迫搁笔，亦终得把笔搁下。这是我们一代若干人必然结果。如生命正当青春，弹性大，适应力强，人格观念又尚未凝定成形，能从新观点学习用笔，为一进步原则而服务，必更容易促进公平而合理的新社会早日来临。[1]

北平要打一仗，我和伙伴们兴奋不已。兄弟俩用掉很多卷美浓纸，把窗玻璃糊成一面面英国国旗样子，好容易才完工。大跑出去转一圈，带回沮丧消息："人家陈友松伯伯窗户用纸条贴字，风雨同舟，还有别的什么来着。"

----

[1] 沈从文致吉六废邮，一九四八年十二月七日。

大院各家商议，选较宽的东院挖了几条壕沟。我乘机在家门口也大兴土木。头三年早就立志挖口井，在云南大地上掏了二尺深怎么还不见水？只好提两桶灌进去自慰。这次挖了五尺深，妈妈说："把煤油桶藏进去吧，安全点儿。"

没有抹杀我的成就。

六年级教室窝在礼堂背后，礼堂里传来陌生的歌声，真好听！趴窗缝看，里边一群中学生，没有老师，自己在练唱："山那边哟好地方，一片稻田黄又黄。大家唱歌来耕地呀，没人为你做牛羊……"

嘿！是八路军的歌！我们几个钻进去，抄那黑板上的词谱，大同学们并不见怪。

街上到处是兵，执法队扛着大刀片巡逻。已经听到炮声，终于孔德也塞满了军人，停课了，真开心！大院孩子们天天扎堆玩闹，那些大人们你来我往，交换不断变化的消息。

来了个同乡军官，为不得不退缩城里而烦恼。我凑近去看美式配备卡其制服上的徽记。

爸爸问他："听说清华学生打起旗子去欢迎，搞错了，迎到撤退的部队，朝学生扫射，是不是你的兵？"

"没听到过。要是碰到我，也会下令开枪！"

"啧！啧！"他摇着头，"那是学校嘛！还去丢了炸弹。"

"这是战争！有敌人就要打！"

"已经死多少万人了！啧！战争……"

南京飞来的要员，以前西南联大爸爸一个上司来过家里，让他赶快收拾南下，说允许带家眷，很快就要上飞机。现在飞机只能靠城里的临时机场，住处附近已常有炮弹落下，一次总是两发，皇城根一带落过，银闸胡同也落了。传说北池子北口防痨协会做了弹药库，炮是朝那儿打的。小孩子们都不知道怕，议论着八路为什么老打不中？

爸爸的各种朋友不断进出，大人们一定在商议那件重要事情，家里乱糟糟的。

我暗自高兴，期待着坐一回飞机，又很想把这一仗看到底。北平这么好！我家有什么必要逃出去呢？这样矛盾着胡思乱想，没容我想两天，事情已决定，我们不走。爸爸的一些老朋友，杨振声、朱光潜伯伯们也都不走。家里恢复了以往秩序，没客人时爸爸继续伏案工作。大家等待着必然要来到的某一天。

出乎意外，中和舅舅突然来了。他读清华土木系，随一群同学叫开德胜门路障，说要进城买烟，守军没刁难他们。全家兴奋地听他摆活，首先被告知：不叫八路军，现在叫解放军。他们所到的地方，就解放了。爸爸急着打听梁思成一家、金岳霖和许多朋友情况，高兴他们全都平安。我们咧着嘴整天围着中和舅舅，享受那些娓娓动听的故事，和新奇的见闻。

"有个女八路唱了很多歌，"他还是习惯说八路，"那嗓子，从来没听过这么棒的！"

我觉得那女八路应该像大表姐样子，唱的一定有我学的那支歌。往后就不必没完没了听电台播那些"你你你你你你你你真——美丽"之类讨厌的陈腔滥调，每次听到这种歌，大就皱眉说"黄色的"！我也说"黄色的"！也皱眉。

陆续有人来转告，北大民主广场上贴了好多壁报、标语，是骂爸爸的。大想看个究竟，就去了。我觉得没看头，那里天天有壁报。以前同院周伯伯关闭北楼，北大贴了一大片声讨他的壁报，周伯伯并没怎么样。

大回来了："挺长的哪，题目叫"斥反动文艺"，说爸爸是粉红还是什么桃红色作家。也骂了别人，不光是爸爸。"

这个糊涂的大，专门去看，既不懂原作者郭沫若的权威性，又忽略了那个权威论断：

特别是沈从文，他一直有意识地作为反动派而活动着……[1]

我其实更不明白，心想粉红色总带着点儿红，大概骂得不算厉害。我从小偏爱粉红色，夜里猫在房顶唱情歌，我说是"粉红哇呜"声音。

小虎虎且记得三叔给粉红色可可糖吃。他什么都是粉红色，连老虎也是粉红色。[2]

爸爸可受不了粉红色帽子，对这顶桂冠的分量，他心里一清二楚，又相当糊涂。天天轰然爆裂的炮弹他不大在意，这颗无声的政治炮弹，炸裂的时机真好，把他震得够呛，病了。

后半夜爆炸声震醒了大家，何思源被特务炸伤了。一天后他裹着纱布，消失在通海甸的路上时，带去傅作义将军一生最重要的选择，也牵动着二百万渴望和平的心。

枪炮声日渐稀疏，终于沉寂。

爸爸心中的频频爆炸，才刚开始，逐渐陷进一种孤立下沉无

---

[1] 郭沫若《斥反动文艺》，发表于一九四八年《大众文艺丛刊》第一辑。

[2] 沈从文致沈云麓大哥信，一九四〇年二月二十六日。

可攀援的绝望境界。

"清算的时候来了！"

他觉得受到监视，压低声音说话，担心隔墙有耳；觉得有很多人参与，一张巨网正按计划收紧，逼他毁灭。没人能解开缠绕他的这团乱麻，因为大家都看不见。他的变化搞得全家不知所措，我们的"迟钝"又转增爸爸的忧虑。他长时间独坐叹息，或自言自语："生命脆弱得很。善良的生命真脆弱……"

"……都是空的！"

走近身，常见悲悯的目光，对着我如看陌生人。忽而，又摸摸我手："爸爸非常之爱你们。知道不知道？"

我当然知道，但很不自在，不知该怎样帮助他。

在全国正有几百万人殊死搏斗的时刻，一个游离于两大阵营之外的文人病了，事情实在微不足道，但却给一切关心他的左倾右倾朋友添了麻烦。大家跑来探望，带着围城中难得的食物，说着这样那样宽慰的话，都无济于事。一月末，远在清华大学的程应铨叔叔和梁思成伯伯，大冬天托带了冰淇淋粉和短信给爸爸：

从文：听念生谈起近状，我们大家至为惦念。现在我们想请你出来住几天。此间情形非常良好，一切安定。你出来可住老金（岳霖）家里，吃饭当然在我们家。我们切盼你出来，同时可看看此间"空气"，我想此间"空气"，比城内比较安静得多。即问双安。

思成拜上二十七日

他去了。当天由罗念生伯伯送去的。

二十九过年，好多朋友来拜年，问长问短。妈妈独自应接，强作笑脸，明显憔悴了。这个年真没劲，我们都想着几十里外，另一个天地的爸爸。

两天后北平"解放"了。人们欣喜地迎看解放军。他们军容整肃，个个容光焕发，和蔼可亲。他们纪律严明，廉洁朴素，从此再没有腐败的官僚。大家欢喜他们，我也欢喜。

好朋友的关怀照抚治不好爸爸的病，这时仍然一天天被精神的紊乱缠缚更紧。

"我"在什么地方？寻觅，也无处可以找到。

我"意志"是什么？我写的全是要不得的，这是人家说的……[1]

我终得牺牲。我不向南行，留下在这里，本来即是为孩子在新环境中受教育，自己决心作牺牲的！应当放弃了对一只沉船的希望，将爱给予下一代。[2]

大院的孩子们仍然天天聚集玩闹，现在兴趣集中在学新歌上。我们很快就会唱"他是人民大救星"以及"从来就没有什么救世主"等等，每首新歌都叫人振奋，又那么好听。这天女孩子们商量过，一本正经找我教舞蹈。

"什么？什么？"脸红，"我可不会跳舞！"

"知道你学了'山那边好地方'，别骗人！"

"这是进步嘛！摆什么架子！"

---

[1] 沈从文致张兆和信，一九四九年一月三十一日写于清华园。

[2] 沈从文致张兆和信，一九四九年二月二日写于清华园。

孔德的中学生随后的确又排练了舞蹈，我不过是旁观，那也赖不掉，只好尴尬上场，"进步"了一次。男孩们戳在一边讪笑，主要在笑我，我自己也很难忍住。

回到家，就再也笑不出来。爸爸愁眉不展，常叨念些什么，不可理解，总也不见好。

穿一身粗糙的灰棉军装，大表姐突然降临。我们欢天喜地，妈妈跟她讲了爸爸的事，表姐一点儿没嫌弃，对爸爸非常热情体贴。饭桌上，妈妈端出罕见的鸡汤，表姐推让着："我们大家伙吃！大家伙吃！"

听！听！说的都是八路的新词。全家竖直耳朵听她讲了好多真实的故事。爸爸看她，露出笑容。她不知道，我们心里是怎样在感激这位共产党姐姐。

新进城的熟人陆续来看望爸爸，有军人也有穿便服的干部。这天又来了个解放军，和大表姐一样热情关切，爸爸还记得，是他的学生，谈得很高兴。这些人给了妈妈证据，去劝慰爸爸："你看，人人都是真心对你，盼你病早点儿好，跟上时代。谁要害你？"

"他们年轻，不是负责的。"

爸爸又回到老样子。

谁能负责呢？指望谁来解开他心上的结呢？我们都想到了同一个人，她在大人的记忆里，在我们兄弟朦胧感知的印象里，是那样亲切，没有什么事情不能同她商量、向她倾诉，只有她最了解爸爸，能够开导他。爸爸也信任她，早就盼着见到这位老朋友。

终于，得到了丁玲的口信，原来这么近！

爸爸攥着我手，一路沉默。我明白他的激动和期待。没几步，到了北池子一个铁门，穿棉军装的门岗亲切地指着二楼。暖融融的大房间阳光充足，我看见爸爸绽开的笑脸，带一点儿迟滞病容……

回来我一直纳闷，这相隔十二年的老友重逢，一点儿不像我想的，只如同被一位相识首长客气地接见。难道爸爸妈妈那些美好的回忆，都是幼稚的错觉？那暖融融大房间里的冷漠气氛，嵌在我记忆里永远无法抹去。

开学了，我们兄弟奔赴学校去接受新事物，集会游行很多，锣鼓声不断。爸爸的病日益加重，陷入更深的孤独纷乱。一些年轻朋友来告别，有的进了革命大学，不久就要随军南下，有的投身崭新工作，意气风发，往后见面机会少了："沈二哥你多保重。三姐也得注意身体，你太辛苦了！"

他们都清楚，这个家全靠妈妈支撑着。

我们真盼望那些解放军朋友们常来。他们多少总能让爸爸精神松弛一下，还能给妈妈拿点儿主意。正好，来了一位戴眼镜的首长，警卫员不离左右，他受到理所当然的尊敬和欢迎。首长果然比青年人有见识，他劝妈妈尽快挣脱家庭束缚，跟上时代参加一项有意义的革命工作。眼下先进一所学校，接受必要的革命教育。真是拨开迷雾，茅塞顿开！妈妈当然愿意，我跟大也高兴，妈妈将要成为穿列宁服的干部，多带劲！可是爸爸怎么办？

几经商讨、求教、争论，事情很快定下来，筹办中的华北大学录取了她。爸爸精神更忧郁，他不乐意，完全在预料中，这叫闹情绪，扯后腿，都是八路带来的新词，准确生动。克服不了这点儿困难，就永远把妈妈捆住。他要是久病下去，全家怎么办？因此必须坚定勇敢咬紧牙关，实在不行雇请个人料理家务，这是唯一合理的选择……但我们没料到，能看见大网的"疯子"，这时却望见抓纲的人居高临下得意扬扬，那狂乱的头脑，再次依稀想到老友文章里的劝告：不如自杀……

"锵！锵！七锵七！锵！锵！七锵七！停！向后——转！再来。锵……"

全校按体操队列在操场上只能扭八步。今天早操提前半小时，学扭秧歌，这不算难，一早上全学会了。放学后高年级留下再练，单列排成"8"字队形，可以连续扭了。在中心点交叉而过，真好玩。

"停下！大家掌握胳膊和腿的动作都挺好。现在缺点是脖子还没有秧歌味儿，这个要领很难说清楚，只有一位同学相当不错，大家再来，注意模仿他。好，开始！"

于是扭动的"8"字长队，一双双眼睛都追踪着那根自负的脖子。这一天痛快极了。

家门洞开，里边乱糟糟的。窗上一块玻璃碎了，撕破的纱窗裂口朝外翻。只有大在家。

爸爸出事了！

早晨我走后，他就做着解脱的尝试，被大制止了。后来他用几种办法寻求休息，幸好魁伟的中和舅舅来到我家，爸爸没成功。

这惊动了大院的众多邻居。他们中间有的人，在以后岁月里也曾寻求解脱，成功了。

妈妈很晚才从医院回来。过几天她就该去华北大学报到，只好推迟。

在爸爸遇救时，听见他叨念着："我是湖南人……我是凤凰

206

人……"

他可能还想说"我是乡下人",但已糊涂了。

糊涂中看到更多可怕的事,明白人都看不见。他老嚷要回家,躁动,又被制伏……

朋友们去探望安慰,他冲人家说希望有个负责人跟他谈谈,告诉他究竟准备如何处置?这真叫听的人为难。谁要处置他?谁才算负责人?杨刚回去商量,通知他准备派吴晗做这件不讨好的事情。

"可怕极了!你们不能想象。"

他抓紧我手,朝怀里按一按,尽量压低声气。他看见一个戴眼镜的人蒙着口罩,装成医生穿着白褂子,俯身观察他死了没有。看见……

"我认得出来,别人是医生,他不是。"

爸爸看到了收紧大网的一些人,现在正排演着一步步逼他毁灭的戏剧,有人总是居高临下出现在他的幻念里……

迫害感且将终生不易去掉。[1]

当时写下的这句疯话应验了。

爸爸出院后闭门养病。五月,妈妈进入华北大学。爸爸照习惯,又三天两头跑去北大博物馆帮着筹建、布展。

"妈妈离家你想不想?"

"无所谓!"

---

[1] 沈从文日记《四月六日晨七时》,一九四九年写于病房。

我做出懂事样子，回答周围穿灰军装的学员。王忠叔也穿着过大的军装，在远处扭秧歌，姿态滑稽但特别认真，我不能笑话。

有些认识的人问："你爸好吗？"

"还好，挺安静的。"

安静就行了。在家里他仍旧长时间独坐叹息，写个不停，然后撕掉。晚上倾听收音机里的音乐，有时泪眼欲滴。一觉睡醒时，常见他仍旧对着哑寂的收音机木然不动。

还陆续有朋友来看他，小心避开令他难过的问题，关心他的人却不敢询问什么。一位姓朱的老革命同乡来了，自己扛个大西瓜，没进门就高声问候，警卫员坐石阶上任我欣赏蓝闪闪的驳壳枪，爸爸的笑声夹在豪放大笑中断续传来……另一位同乡刘叔比较斯文，他劝妈妈不能操之过急："欲速则不达。他不是革命者，不能拿革命者去要求他，最要紧的是爱护体贴……"

他们是负责的吗？他们能证明那些梦魇并非事实吗？可惜办不到！爸爸真固执。

吴晗来时，他跟人家说愿到磁县去烧瓷，让吴晗很为难……

八月后，他被安排去熟识的午门楼上历史博物馆工作，是爸爸同意去的。

在家里，还是老样子。那年多雨，许多地方被淹。他站在门前轻轻叹息："雨愁人得很。"

我们兄弟就学着用新观点批评："翻身农民不会这样想。"

晚上他还是不断地写，写写又扯烂。收音机同他对面时间最久，音乐成为他的主要伴侣，唯有音乐在抚慰他受伤的心，梳理别人难以窥见的既复杂也单纯的情感。无法想象音乐对他生命的复苏，起着什么样的作用。

一和好的音乐对面，我即得完全投降认输。它是唯一用过程来说教，而不是以是非说教的改造人的工程师。一到音乐中我就十分善良，完全和孩子们一样，整个变了。我似乎是从无数回无数种音乐中支持了自己，改造了自己，而又在当前从一个长长乐曲中新生了的。[1]

五

解放这年夏天，我进了男四中。寒假，爸爸带我去午门上班，在五凤楼东边昏暗的大库房里，帮助清理灰扑扑的文物。我的任务是擦去一些不重要东西上的积垢。库房不准生火取暖，黑抹布冻成硬疙瘩，水要从城楼下边端。爸爸跟同事小声讨论着，间或写下几行字。他有时拿大手绢折成三角形，把眼睛以下扎起来挡灰，透过蒙蒙尘雾，我觉得这打扮挺像大盗杰西，就是不够英俊，太文弱。中午我们在端门、阙左门、阙右门进进出出，让太阳晒暖身子。他时时讲些我兴趣不大的历史文物知识。这挺好。爸爸又在做事了，我不扫他兴，由他去说。

"这才是劳动哪！这才叫为人民服务喃。"

他边走边叨念着，说给我听，又像自语。

爸爸这一头扎进尘封的博物馆去，不知要干多少年？那十几二十本准备好好来写的小说，恐怕没指望了。在病中对着收音机独坐时候，他写过许多诗，又随手毁掉。那不过是些呓语狂言

[1] 沈从文致张兆和信，一九四九年九月二十日。

吧？也说不定，那是他写作生命熄灭前最后几下爆燃，奇彩异焰瞬息消失，永不再现？

真不明白一切错综变故，怎么会发展到这样严重？爸爸在最不应该病的时候倒下，得的又是最不合适的病。这是全家的心病，沉重得直不起腰，抬不起头。我们母子总想弄清来龙去脉，常一起讨论，冥思苦想，不得要领。我在爸爸更稳定一些时，以及后来的岁月直到八十年代，曾一再找会机直接问过他。每次问到那场变故，正常人看不到的种种可怕幻觉，在他心里马上浮现出来，戏剧执导和男女角色时隐时现，继续排演那同一主题的剧目……我很怕伤着他，不敢再谈下去。他的病可能从未治好，那张看不见的网我们永远无法揭去。爸爸所有回答，都一再让我想到鲁迅那篇描写狂人的不朽名作……

课堂上讲到第三条路线的文人，有张三李四，瞟我一眼，"还有沈从文。"

沉住气，千万别脸红！我目光低垂，整个脖子脑袋连头皮在内，一个劲不可抑制地发热膨胀，更糟的是我坐头排，人人都能看清这张不争气的红脸。

老师明白我狼狈，课下表示关切："你父亲近来好吗？"

哎呀！你不问还好点儿，同学都围过来了。

"挺好！正在革大学习。"

我故作轻松，但老师无意地勾起了同学的好奇心："你爸是辞职还是给北大解聘的？"

辞职是没有的事，可我说不清怎么就离开了北大，还没想出词，向来熟悉文坛的一位同学抢着说："是解聘的。"

真窝囊死了！

革命大学在颐和园附近。安排爸爸学习，是爱护和关怀，他的确应该认真学习，彻底改造思想，才能跟上形势。他被动地接受，这就很说明问题，我们得耐心帮助他。

爸爸学得别别扭扭，不合潮流。他不喜欢开会听报告，不喜欢发言和听别人发言，讲政治术语永远不准确，革命歌曲一个也不会唱，休息时不跟大家伙打成一片，连扑克牌都不肯玩，总是钻进伙房，跟几个一声不吭的老炊事员闷坐，还把我一只好看的狮子猫抱给他们。

"爸，你不参加扭秧歌，同志们一定会批评你。要不趁着星期天我在家教你行吗？"

"我不扭。我给他们打鼓。"

这真稀奇！我也是司鼓，比扭的那些人神气，怎么不知道爸爸会打鼓？我马上找来一面小扁鼓，把鼓槌塞过去。

"要考考我？好！"

鼓很差劲，他试试音，半闭起眼睛，开始了。

好像是蹄声，细碎零落，由远渐近，时而又折转方向远去。我以为它会逐渐发展，成为千军万马壮烈拼杀的战场。

没有，他不这样打。轻柔的鼓点飘忽起伏，像在数说什么，随意变幻的节奏，如一条清溪，偶尔泼溅起水花，但不失流畅妩媚品性。他陷入自我陶醉。

我听过京戏班子、军乐队、和尚们以及耍猴人打鼓，熟悉腰鼓和秧歌锣鼓点，那都是热热闹闹的，从没听过这种温柔的打法。

"爸，你的确会打鼓。可你的调子与众不同。秧歌要用固定的锣鼓节奏，才能把大家指挥好，扭得整齐一致。你这么自由变化，人家一定不允许。"

"休息时候我才打一会儿。他们承认我会打鼓。"

好不容易有一天，在自由命题作文上，我能心安理得写出这样的开头："爸爸同志……"

他从革命大学回博物馆半年多，又被组织去四川参加土改，接受阶级斗争教育。这篇作文就是给四川一封信的翻版，有机会在学校重写一遍，我得到点儿情绪补偿。

爸爸同志不断写来很长的信，描写见闻感受。令人惊讶，怎能写得那么快？他设想，用这些信做线索，将来可写一本《川行散记》。

有过这种事，那是抗战前写《湘行散记》办法。现在可不好说，他这些家信跟《暴风骤雨》味道不一样，写文章不是打鼓，打完就拉倒，可别辛辛苦苦写出个《武训传》第二。他还写信给丁玲，希望提前回来写东西。放弃阶级斗争的洗礼，这多不好。我们得劝他坚持到底，现在还是老老实实跟别人一样接受教育吧……这些胡思乱想，我当然没往作文里写。

好景难长，课上讲鲁迅战斗精神，他勇敢地怒斥张三李四……可能又要听见"那话儿"了，我不禁头皮发麻。果然！鲁同志还勇敢地怒斥过爸爸同志。

孙悟空很值得羡慕，他可以向唐僧求饶，沙和尚会帮他说情，师父念紧箍咒时，他可以翻筋斗竖蜻蜓，可以威胁八戒……我却不能，连把头低一低都怕吸引更多的注意。

这年寒假，爸爸同志的家属再也赖不下去了，我们只好告别大院，在交道口大头条胡同租私房住下。他从四川疲惫不堪拖着行李归来时，站在院门询问沈从文在不在里边住？

这小院住着不多几户，邻居家净是女孩，几张嘴一天到晚说笑不停，使我觉得很冷清。大在极远的地方读高中，活动特多，很晚回来，同我做伴机会少，于是我每天先在学校玩够了再回家。家里只有爸爸一人，总是伏案在写他的文物材料，我回来他才转过身，同我谈点儿什么，也乘机休息一下。

"爸，我跟同学从操场翻墙到法国茔地，老坟埋的净是侵略中国的死鬼，都解放了，干吗不把它们刨了？最新的坟是何思源的小女儿，和平之花，有个浮雕像，我猜她妈妈是……"

爸爸不知什么时候，已沉回自己的工作，单上半身扭回书桌方向继续写下去，经我提醒才笑笑，放弃这种别扭的姿势。

只有星期日好，妈妈从圆明园回来，这儿才热闹一阵，像个家样。她回来没一刻闲空，忙着整理三个男人弄乱的家，安排下周生活。

"小弟你看，爸爸这种思想情绪不对头。"

她指着爸爸一张没写完的信，正在清理书桌。指的是"门可罗雀"四个字。

其实若没有女孩们叽叽喳喳，我真可以扣几回麻雀玩玩。从爸爸进革大之前，来访的朋友就一天天稀少了。搬到这儿以后，离老朋友远，来往机会更少了。但怎么可以发牢骚呢？归根结底，是他自己落在时代的后边，我们得帮助他赶上去。但是谈何容易？我自己还进步很慢，哪有那个水平呢？

妈妈教中学，当班主任，星期日下午就匆匆往圆明园赶，路上要两个多小时。这晚上，家里更觉冷清。在寂寞的家里，唯有思想落后的爸爸，跟我待一块的时间长。明年，大就要读大学了，他去住校，我更寂寞……

六

老师在出了考场的学生包围下说出正确答案，张嘴聆听的面孔，即刻变化成不同表情。笑声突起，有人把世界最长的河，答成"静静的顿河"；一个同学埋怨另一个是大舌头，传消息口齿不清，害得他把获斯大林文学奖金的作品，错写成《太阳照着三个和尚》。这里正在进行中等专科学校招生统考。北京的中专学校吸引力相当强，连外省学生也有不少跑来试一试。

我第一志愿投考竞争最激烈的重工业学校。生怕考不上，心里老在打鼓。同时我又满意自己的重要抉择。

我迷恋机器。热衷于亲手做个什么会动的东西，大约从六岁开的头。初中三年尽管看了许多闲书，我偏没读过《绿魇》，不然这会儿就能振振有词，用爸爸的预见去说服他自己。当年他这样描写过我们兄弟：

　　……今夜里却把那年轻朋友和他们共同成的木车子，玩得非常专心，既不想听故事，也不愿上床睡觉。我不仅发现了孩子们的将来，也仿佛看出了这个国家的将来。传奇故事在年轻生命中已行将失去意义，代替而来的必然是完全实际的事业，这种实际不仅能缚住他们的幻想，还可能引起他们分外的神往倾心！[1]

爸爸先给我取了个勇猛名字，后来又希望我"从文"。十岁时，我曾把记忆中的"昌黎号"，用正投影规则，敬绘出主视图

---

[1] 沈从文散文《绿魇》，作于一九四三年。

和俯视图，他又大加赞赏和鼓励。今天我当真要去搞机器，爸爸却不乐意了。但是他表现得柔和、讲理。

"弟弟，你还是多读几年书吧！妈妈同我都可以帮到你，把文章写好起。"

"我搞不了文！你跟老师都说我的作文有八股味。"

"有点儿也可以，多写写，懂得好坏，我就不叫你沈八股了。"

"我喜欢机器，这也挺好嘛！再说……"

再说，就得离文学远点儿，做个不经心的读者多好！我只是不想刺痛爸爸。

过两天他又找我谈："弟弟，学机器也很好。家里有条件供你读大学，大学也可以搞机器。我们希望你至少能读完清华。"

"我要现在就学，四年毕业，还赶得上为第一个五年计划出两年力。"

"你还小哪，不必忙着找事情做。"

"都十五了！你十四岁当兵比我还小。"

唉！这个爸爸是怎么啦？干吗那么上心？我又不是到朝鲜去西藏，现在还不够格。我只是想跟这个家拉开点儿距离，越早越好！我没能耐帮助爸爸跟上时代，他却无形中影响了我的进步。跟他裹在一块，"那话儿"总叫我矮人半截，像蔫赤包[1]似的，谁捏一下都没辙。我选中了唯一实行供给制的学校，念书吃穿都由国家负担。我要去住校，去工作，成天生活在集体里，别人才

---

[1] 赤包，北京小孩捏着玩的一种红色卵形野果，皮极柔韧，虽经反复揉捏至完全蔫软，仍不易破。

会拿我当一个独立的人，而不是受着这样一个爸爸的供养。可惜他不能明白！

统考以后，他还不放弃希望，总想劝我再去考一次高中："弟弟，不读大学，我觉得很可惜，你又不是功课赶不上。"

"你也没读过大学，中学也没读过。爸，有用的人不一定都念过大学。"

"可是我非常之羡慕能进大学的人。当时实在不得已，程度太低，吃饭都成问题，没有机会喃。你没有这些障碍，放弃读大学机会，可惜了……"

爸爸耐心做思想工作，一点儿也打不动我。他自己教了二十年大学，一阵"那话儿"就不明不白给轰得闹不清"谁是我""我在什么地方"。他曾在辅仁大学兼一点儿课，离开北京大学以后，算是留在大学里半条腿，这会儿正朝外拔。他尽管没资格犯贪污、浪费、官僚主义之罪，还必须"应师生要求"到辅仁去补"三反"运动的课。因为人家搞"三反"时候，他正在接受"土改"和"五反"运动的锻炼。所谓补课，无非是做政治思想检查，再听些和"三反"毫不相干的"那话儿"。去辅仁做思想检查，我想大概是爸爸最后一次爬上大学讲台了。

他正在离开的那种地方，我不进去有什么可惜？那种地方大概用不着我做错事，也并非为惩罚我，不定什么时候，张口能念"那话儿"的人多着呢！仿佛喝水、呼吸一样，是自然需要，是适应环境的一种本能，我巴不得躲开这种环境远远的呢！

……

电车铃声清亮悦耳。

"爸，都到小经厂了，你坐车回去吧！"

他不肯，"再走走，同你再走走。"

只好继续推着自行车走下去。

他从来对谁都不远送，这会儿怎么啦？去我的新学校才六站距离，比男四中还近，再说周末就能回家……不过，我已记不起有多少年没一块散步了，走走也好。

他三天两头劝阻，全都是旧意识的反映。从录取那天起，爸爸一直沉默寡言，我猜他还在为我惋惜，可从来不说半句泄气的话，连叹气都没叫我听见一声。

鼓楼檐角外小燕穿来穿去。前年楼顶兽头嘴里冒烟，消防队爬上去，听说是蚊群。大概小燕在吃这种蚊子吧？它们多自在！

鼓楼斜对街铁匠铺里火星飞溅，大锤闷响和掌钳师傅榔头的脆声交替应答，新学校大概也要学打铁？我对那几个汗流浃背的师徒，产生一种亲切感。

"爸，都走出三站路了，星期六我一定回来，你快上电车吧！"

他不走，把我领进一家冷食店，要两瓶汽水。冷冻机的轻轻敲击声叫人舒坦，凝一层厚霜的管子飘着冷雾，看上去挺凉快，弥漫着淡淡的阿摩尼亚气味并不讨厌，我嘬着蜡纸管，爸爸走向柜台，弄来一个小圆面包。

"吃过晚饭了，爸，不饿。"

"你吃得下，就一个。"

面包很小很新鲜，盘一圈螺旋形黄丝，他把喝了一点儿的汽水瓶推过来。

还不肯回去。进了弯弯曲曲的烟袋斜街。窄街上，车后行李有点儿碍事，我推车拐来让去。这包袱太大了，好像我出远门，被塞进许多夏天用不着的东西。

他在一家棉花店前驻足，观看门楼上那些雕饰。

"清朝留下的老铺子，以前很讲究呢。"

指给我看悬吊着的老式店招，脏兮兮的大棉球扁扁的像南瓜。

"这种老店越来越少了，都毁掉了。以后只能从画上看到。"

银锭桥把着斜街西南口，桥头有鲜枣卖，他把手绢摊开来。

"别买了，爸，同学要笑话。"

爸爸像没听见。"尝了，很甜，只有半斤。"

扎上手绢，我说没法拿。他不懂自行车装载学，果然想不出该把它挂在哪儿，又去解开疙瘩。

消化机！消化机……

消化机早已懂得克制了。我忸怩着，被装满裤兜。他俯身捡拾滚落的几个。

"爸！我顺这后海北河沿很快就到学校，听说那是摄政王府。你到家没准天都黑了。"

"我知道，那也是溥仪的家。坐车子小心点儿。"

我跨上车滑开，桥上剩下爸爸一人。他总是管骑车叫坐车。

七

这孩子终于走在自己选择的路上了。沿岸一段缓坡，车子轻松地加快。背后大包袱坠得车把有点儿飘，一定要稳住，别让桥上那人看见它晃来晃去。

太阳快要沉落微带金红，越展越宽的水面闪闪烁烁，对这孩子眨眼微笑。谁说北京的云霞赶不上云南？前边这片天空正张开最美的一幕。小燕比不上这孩子，它们只懂得爹妈教的飞法，体会不到挣脱羁绊的轻快欢畅。

银锭桥上据说是燕京八景还是十景的一个去处，闹不清朝哪方看才算真正内行。那个留在桥上的人，依然朝着一株株柳树间隔里，望那远去的孩子，孩子全身都能感觉到这件事。那个人想些什么？却不知道！孩子顾不上琢磨这些，心满意足朝一片红光的方向奔去。他将在一座漂亮的大花园里，"在新环境中"受到最好教育，获取那些令他心往神驰的本领。他将挥汗如雨，亲手塑造一些无机生命。一个善良单纯的女孩，将伴他携手同行。这孩子会不断进步，逐渐提高政治觉悟，也接受应得的一分愚昧。沿后海这条土路总是向左拐，又向左拐，在彼岸终于折到相反方向。这条路本没修好，有平坦硬实的地段，也有坑坑洼洼泥泞，绕它一圈，是条长长的路程。

有一天，孩子走过了这条长路，从另一个方向来到桥头，想听听银锭桥的传奇故事。桥上空空荡荡，一无所有，那个人早已离去。

一九八八年九至十一月，病中

一九八九年春节修改

二〇〇四年七月重校

编者说明

沈从文，二十世纪中国最优秀的作家之一。湖南凤凰人，早年投身行伍，一九二四年开始文学创作，是白话文革命的重要践行者和代表作家。沈从文文采斐然，笔耕不辍，以湘西的人情、自然、风俗为背景，凭一颗诚心，用最干净的文字缔造了纯美的湘西世界，也由此奠定了他在中国现代文学中的独特地位。

从文先生的小说和散文，大大丰富了中国现代文学的审美形象，湘西世界反映出的对自然的感怀和对纯粹人性的渴望，也引起了广大读者的共鸣。其晚年主要从事中国古代服饰研究，编著的《中国古代服饰研究》填补了中国文物研究史上的一项空白。

参考现已出版的各种相关文集，我们精心选取了沈从文作品中的经典篇目，并根据题材和内容特色对所选篇目重新编排。在编校过程中，我们力求保持作品原貌，只对所选作品原文的个别字词、标点符号及相关引文进行了修订和校正，以飨读者。

限于学力和经验，在编校中难免有错讹疏漏之处，敬请广大方家、读者斧正。

编　　者